U0885051

中国工程院院士

是国家设立的工程科学技术方面的最高学术称号，为终身荣誉。

中国工程院院士传记

石屏传

许　珊　雷杰佳　著

航空工业出版社
人民出版社

内 容 提 要

本书以新中国航空工业的发展为背景，记录了中国工程院院士石屏追求不止，奋斗不息的一生，重点介绍了石屏寄情祖国航空事业，立足本职工作，设计了K－8和教8飞机，创造了中国航空工业外贸出口的神话，改写了中国空军飞行员训练体制等内容，反映了石屏一生浓浓的航空情缘。

本书内容丰富，史料翔实。适合于航空从业人员和广大关心中国航空工业发展的社会公众阅读。

图书在版编目（CIP）数据

石屏传／许珊，雷杰佳著．－－北京：航空工业出版社，2014.1 （2019.1重印）
（中国工程院院士传记系列丛书）
ISBN 978－7－5165－0319－5

Ⅰ．①石…　Ⅱ．①许…　②雷…　Ⅲ．①石屏－传记
Ⅳ．①K528.16

中国版本图书馆CIP数据核字（2013）第288606号

中国工程院院士传记　石屏传
Zhongguo Gongchengyuan Yuanshi Zhuanji　Shi Ping Zhuan

航空工业出版社出版发行
（北京市朝阳区北苑2号院　100012）
发行部电话：010－84936597　010－84936343

三河市金轩印务有限公司印刷　　全国各地新华书店经售
2014年1月第1版　　2019年1月第2次印刷
开本：710×1000　1/16　　印张：17.25　　插页：20　　字数：261千字
印数：3001—3500　　定价：68.00元

中国工程院院士石屏

01 架 K–8 飞机实现首飞后，石屏与 K–8 合影

1990 年，K–8 首飞后，首批总设计师系统成员合影，从右至左分别是：石屏、马启禄、谢冠奇、王世昌

1990 年 11 月 21 日，K–8 教练机首飞仪式上的石屏（石屏，前排右 2）

1989 年，石屏率队到美国加雷特公司做发动机试验期间，
与加雷特公司项目负责人合影（石屏，左 4）

石屏在生产现场

K-8 飞机生产线

深情寄望

1992年，在新加坡航展上，石屏与巴基斯坦飞行员合影

2000年，K–8飞机参加珠海航展

石屏陪同外宾参观 K–8 飞机生产线（石屏，左 1）

首批 K–8 飞机向巴基斯坦空军交付仪式

K–8E 飞机在埃及

K–8 飞机大量出口

教 8 编队转场

洪都集团交付的第 5000 架飞机为教 8 飞机

2009 年国庆阅兵式中，教 8 飞机接受全国人民检阅

2009 年 11 月，石屏参加中航工业媒体日活动（石屏，右 4）

青年石屏

石屏与夫人张雪佩合影

石屏夫妇与哥哥姐姐们合影（石屏，第2排左1）

1984年，石屏全家福

石屏夫妇与孙女

石屏夫妇在哈尔滨看冰雕

2004 年，南航 3303 班同学聚会，在南京合影（石屏，第 3 排左 3）

工作中的石屏

2001 年，K–8 荣获国家科学技术进步奖一等奖，
石屏（左 1）与其他项目获奖人员合影

2000 年，石屏荣获全国劳动模范光荣称号

2002 年，石屏在人民大会堂作先进事迹报告

南航五十年庆典晚会上向石屏献花

在第四届航空航天月桂奖评选中，石屏获终生奉献奖后发表获奖感言

终身學習，實践求知，
依靠團隊，創新工程，
功利不居，樂在其中。

石屏
2007.3.12

中国工程院院士传记系列丛书

领导小组

顾　问：宋　健　徐匡迪

组　长：周　济

副组长：谢克昌　黄书元　辛广伟

成　员：白玉良　董庆九　任　超　沈水荣　于　青
高中琪　阮宝君　王元晶　杨　丽　高战军

编审委员会

主　任：谢克昌　黄书元

副主任：于　青　高中琪　董庆九

成　员：葛能全　王元晶　陈鹏鸣　侯俊智　王　萍
吴晓东　黎青山　侯　春

编撰出版办公室

主　任：侯俊智　吴晓东

成　员：侯　春　贺　畅　徐　晖　邵永忠　陈佳冉
汪　逸　吴广庆　常军乾　郭永新　李　贞
王晓俊　范桂梅　左家和　王爱红　唐海英
张　健　张文韬　李冬梅　于泽华

总 序

20世纪是中华民族千载难逢的伟大时代。千百万先烈前贤用鲜血和生命争得了百年巨变、民族复兴，推翻了帝制，肇始了共和，击败了外侮，建立了新中国，独立于世界，赢得了尊严，不再受辱。改革开放，经济腾飞，科教兴国，生产力大发展，告别了饥寒，实现了小康。工业化雷鸣电掣，现代化指日可待。巨潮洪流，不容阻抑。

忆百年前之清末，从慈禧太后到满朝文武开始感到科学技术的重要，办“洋务”，派留学，改教育。但时机瞬逝，清廷被辛亥革命推翻。五四运动，民情激昂，吁求“德、赛”升堂，民主治国，科教兴邦。接踵而来的，是18年内战、8年抗日和3年解放战争。恃科学救国的青年学子，负笈留学或寒窗苦读，多数未遇机会，辜负了碧血丹心。

1928年6月9日，蔡元培主持建立了中国近代第一个国立科研机构——中央研究院，设理化实业研究所、地质研究所、社会科学研究所和观象台4个研究机构，标志着国家建制科研机构的诞生。20年后，1948年3月26日遴选出81位院士（理工53位，人文28位），几乎都是20世纪初留学海外、卓有成就的科学家。

中国科技事业的大发展是在新中国成立以后。1949年11月1日成立了中国科学院，郭沫若任院长。1950—1960年有2500多名留学海外的科学家、工程师回到祖国，成为大规模发展中国科技事业的第一批领导骨干。国家按计划向苏联、东欧各国派遣1.8万名各类科技人员留学，全都按期回国，成为建立科研和现代工业的骨干力量。高等学校从新中国成立初期的200所增加到600多所，年招生增至28万人。到21世纪初，大学有2263所，年招生600多万人，科技人力总资源量超过5000万人，具有大学本科以上学历的科技人才达1600万人，已接近最发达国家水平。

新中国成立60多年来，从一穷二白成长为科技大国。年产钢铁从1949年的15万吨增加到2011年的粗钢6.8亿吨、钢材8.8亿吨，几乎是8个最发达国家(G8)总年产量的2倍，20世纪50年代钢铁超英赶美的梦想终于成真。水泥年产20亿吨，超过全世界其他国家总产量。中国已是粮、棉、肉、蛋、水产、化肥等世界第一生产大国，保障了13亿人口的食品和穿衣安全。制造业、土木、水利、电力、交通、运输、电子通信、超级计算机等领域正迅速逼近世界前沿。“两弹一星”、高峡平湖、南水北调、高公高铁、航空航天等伟大工程的成功实施，无可争议地表明了中国科技事业的进步。

党的十一届三中全会以后，改革开放，全国工作转向以经济建设为中心。加速实现工业化是当务之急。大规模社会性基础设施建设、大科学工程、国防工程等是工业化社会的命脉，是数十年、上百年才能完成的任务。中国科学院张光斗、王大珩、师昌绪、张维、侯祥麟、罗沛霖等学部委员（院士）认为，为了顺利完成中华民族这项历史性任务，必须提高工程科学的地位，加速培养更多的工程科技人才。中国科学院原设的技术科学部已不能满足工程科学发展的时代需要。他们于1992年致书党中央、国务院，建议建立“中国工程科学技术院”，选举那些在工程科学中做出重大创造性成就和贡献、热爱祖国、学风正派的科学家和工程师为院士，授予终身荣誉，赋予科研和建设任务，指导学科发展，培养人才，对国家重大工程科学问题提出咨询建议。中央接受了他们的建议，于1993年决定建立中国工程院，聘请30名中国科学院院士和遴选66名院士共96名为中国工程院首批院士。1994年6月3日，召开了中国工程院成立大会，选举朱光亚院士为首任院长。中国工程院成立后，全体院士紧密团结全国工程科技界共同奋斗，在各条战线上都发挥了重要作用，做出了新的贡献。

中国的现代科技事业比欧美落后了200年，虽然在20世纪有了巨大进步，但与发达国家相比，还有较大差距。祖国的工业化、现代化建设，任重道远，还需要数代人的持续奋斗才能完成。况且，世界在进步，科学无止境，社会无终态。欲把中国建设成科技强国，屹立于世界，必须持续培养造就数代以千万计的优秀科学家和工程师，服膺接力，担当使命，开拓创新，更立新功。

中国工程院决定组织出版《中国工程院院士传记系列丛书》，以记录他们对祖国和社会的丰功伟绩，传承他们治学为人的高尚品德、开拓创新的科学精神。他们是科技战线的功臣、民族振兴的脊梁。我们相信，这套传记的出版，能为史书增添新章，成为史乘中宝贵的科学财富，俾后人传承前贤筚路蓝缕的创业勇气、魄力和为国家、人民舍身奋斗的奉献精神。这就是中国前进的路。

宋健

序

石屏同志是继陆孝彭之后，中航工业江西洪都航空工业（集团）有限责任公司的第二位中国工程院院士，是令人敬仰的全国“杰出专业技术人才”。由他主持设计研制的K-8和教8两种型号的飞机达到了国际同类飞机的先进水平，现已成为中航工业洪都的支柱产品。其中，K-8飞机荣获国家科技进步奖一等奖，大量出口海外市场，仅出口埃及就达120架，并开创了中国航空工业成套技术出口的先河。目前，K-8飞机已占领全球同类教练机市场70%的份额。教8飞机荣获国家科技进步奖二等奖，大量装备中国空军、海军，并促成了我国飞行员训练体制的转型升级。2009年国庆阅兵式上，由中国首批女歼击机飞行员驾驶着15架教8飞机梯队分秒不差地飞过了天安门上空，接受了祖国人民的检阅。

石屏出生在鄱阳湖畔一户贫苦的农民家庭，他3岁丧父。民不聊生的旧社会并没有扼杀他求学的渴望，新中国给了他学习的机会和成长的土壤。他16岁参加中国新民主主义青年团，20岁加入中国共产党，忠诚于党与航空报国成为他毕生的信念；他22岁大学毕业到洪都公司，投身新中国航空事业，潜心工作与学习，即使“下放”多年亦不坠青云之志；他52岁担任飞机总设计师，厚积薄发，连续主持设计研制两型飞机，抢占国际国内市场，为中国的教练机发展翻开了新的一页。

石屏同志不仅继承和发扬了徐舜寿、吴大观、陆孝彭等老一辈航空人航空救国、航空报国的毕生信念，更是新一代航空人崇尚科学、注重实践的典范。他热爱航空、爱岗敬业的高尚品德，严谨务实、精益求精的科学态度，百折不挠、奋力拼搏的顽强斗志，敢于创新、勇攀高峰的进取意识，不计名利、忘我工作的献身精神，是我们取之不竭的精神财富，终生汲取的力量源泉。

石屏同志不愧为共产党员的楷模，不愧为科技工作者的典范，不愧为航空战线上广大干部职工学习的榜样。目前，中航工业正深入贯彻科学发展观，大力弘扬“航空报国、强军富民”的集团宗旨，忠实践行“敬业诚信、创新超越”的集团理念，积极投身于“两融、三新、五化、万亿”发展战略的伟大实践，尤其需要我们像石屏同志那样，以坚韧不拔的顽强毅力、忘我献身的博大胸怀、勇担风险的英雄气概、严谨求实的科学态度，去战胜前进道路上的种种困难，抢抓机遇，激情进取，努力实现跨越式发展。

读完石屏的传记，颇有感触，也深受感动。有些心里话想对石屏说，也是代表洪都全体干部职工的心声：您已年逾古稀，是我们敬爱的长辈。我们既希望您不惜所有，不吝赐教，为洪都的事业和中航工业的发展贡献力量；我们更希望您保重身体，健康长寿，因为您是我们洪都的宝贵财富。

搁笔之际，赋小诗一首，聊表敬意：

鄱阳湖畔一苦孩，
少小立志肯登攀；
六十春秋航空梦，
历尽磨难未曾衰。
母去妻别伤心泪，

风云 K-8 慰情怀；

善待余晖不停步，

老骥伏枥壮志还。

中航工业洪都董事长、总经理：吴方辉

2009年12月20日

出 版 说 明

中国航空工业的院士群体是航空技术领域的学术权威和资深专家，他们为中国航空工业的振兴和发展建立了卓越功勋，做出了巨大贡献，是中国航空工业的宝贵财富。

为了弘扬院士群体报效祖国、激情进取、创新图强的精神，2009年中国航空工业集团公司企业文化部开始组织编写《中国航空工业院士丛书》，该丛书记录了院士们的成长足迹，不懈追求科学真理、自强不息、孜孜不倦的奋斗精神，淡泊名利、爱党报国的民族精神，以及为中国航空工业的发展做出的杰出贡献。时任中航工业总经理林左鸣为丛书作序，2010年以后陆续出版。丛书出版以后在全国公开发行，读者反响强烈，受到了广泛好评。

2013年中国工程院下发通知，要求首先为资深院士编写出版院士传记，在2014年6月中国工程院成立20周年之际出版。由于航空工业在这方面的工作走在了前头，中国工程院与我们合作，将《中国航空工业院士丛书》加以改编，纳入《中国工程院院士传记系列丛书》出版。传记的编写出版得到了中国航空工业集团公司企业文化部的支持，得到了各位院士和院士所在单位、传记作者的支持和帮助，在此表示崇高的敬意和衷心的感谢！

中航出版传媒有限责任公司

2013年11月

目　录

引　子

1990 年 11 月 21 日清晨，天空晴朗，能见度高，云层很高，但有微风。8 时过后，天气转阴，风力逐渐增强，气象预报有 4 级风。这种风速对于平时检验飞行是允许的，而对于 K–8 首飞，有人提出异议。王昂总工程师召集飞行站和设计所有关人员研究。鉴于 K–8 飞机有承受 15 米 / 秒侧风着陆的能力，当时的风速最大是 7.9 米 / 秒，因此，决定按时首飞。历经 3 年多的艰辛，中国与巴基斯坦联合研制的新型教练机——K–8，将在这天首飞，向世人亮相。

试飞站前，临时搭建的观礼台已是彩旗飘扬，人群熙攘，主席台上也已嘉宾满座。像所有新机首飞前一样，人们都有意无意地克制着一种急切而有些躁动的心绪，时而相互轻声谈论着什么，时而将期许的目光投向挺立着 K–8 的跑道，使热闹的会场平添了些许紧张的气氛。此刻，坐在主席台上的 K–8 飞机总设计师石屏，清癯的脸上却显得十分的冷静与沉着，这源于他对 K–8 稔熟于心的自信以及对各项工作准备得万无一失的肯定。人们并不知道，在这之前的几天，直到前一天晚上，他和副总师以及可靠性工作人员一道，对总装和试飞站已处理过的问题按分段检查要求，对照处理文件逐项落实，并重点检查运动间隙和试飞员座舱实习情况。这时候，石屏像一个准备充分的考生，静静地等待着临考一刻的到来。

上午 9 时 48 分，当航空航天工业部部长林宗棠一下达放飞的命令，只见早已整装待发的 01 架 K–8 飞机猛地发出了一阵轰鸣，似一只展翅的雄鹰腾空而起，直冲蓝天。

尽情翱翔在蓝天的 K–8 发出了阵阵悦耳的声音，这声音格外动听，简直就像在歌唱一样。跃升、下滑、盘旋、滚转……它那灵巧矫健的身影，潇洒飘逸的动作，在蓝天上画出了一条条优美、流畅的弧线，那种轻松、那种愉悦，像是在长空曼舞。人群中发出了阵阵惊喜的赞叹和欢呼，洋溢着豪放的热情。

经过 18 分钟的飞行，完成了全部动作的 01 架 K–8 飞机平稳地降落并徐徐滑行到副跑道上，停立在主席台前方。两位试飞员走下舷梯，健步来到主席台前，向领导、在场的全体观众庄重地报告："K–8首飞任务完成，一切良好。"立时鼓号齐鸣，爆竹喧天。成功的巨大喜悦冲去了先前的那点压抑，人们欢呼雀跃相互祝贺，掌声、笑声、欢呼声响彻会场，使整个会场成了庆祝胜利的欢乐海洋。鲜花献给了两位试飞英雄，也献给了石屏这位设计英雄。不善言表的他，热情地和试飞员紧紧地拥抱在一起。

似十月怀胎，如夏种秋收，历数载春夏秋冬，经一千多个日日夜夜，历经磨难，饱尝艰辛，石屏与其率领的团队，与洪都的全体职工终于迎来了胜利的一天……

看着仍沉浸在喜悦中的人们，凝视着勃勃英姿的K–8，石屏没有被胜利陶醉，又在考虑下一步的工作。因为他明白，任何一架新机的诞生，犹如呱呱落地的婴儿，只是一个新生命的起点，要让他顺利成长、成熟，还需要付出更多的努力。特别是对自筹资金，既要打进国际市场又要打开国内市场的K–8来说，往后要走的路还很长很长。

K–8飞机以它优美的外形，优良的综合性能，先进的机载设备，良好的可靠性、维修性和低成本，显示了它的先进性和竞争实力，赢得了信任，赢得了市场。

蜚声中外的K–8，在从无到有、从弱到强的中国航空发展史上留下厚重的一页，在这一页上也镌刻着一个普通而又光荣的名字——石屏。这是一种荣誉，也是国家和人民给予辛勤耕耘者的回报。在K–8研制上功勋卓著的他，先后获得了江西省劳动模范、优秀共产党员、科技精英、航空工业劳动模范、全国"杰出专业技术人才"、全国优秀科技工作者、全国劳动模范等一系列荣誉称号，曾经4次荣立部级一等功，享受国务院颁发的特殊津贴，并摘下了航空工业最高荣誉——航空金奖，是K–8荣获国家科技进步奖一等奖的第一完成人。更引人注目的是2003年，经过严格的评定和筛选，石屏当选为中国工程院院士，成为我国至今为止教练机领域内唯一的一位专家院士。

石屏没有官宦家庭背景，也并非来自于书香门第，他是从江西鄱阳湖畔一条泥泞的乡间小道走出来的农家孩子，他是靠国家助学金读完中学和大学的，是国家一手培养出来的知识分子。大学毕业后，他就扎根于新中国第一架飞机的诞生地，是一名从基层技术员做起的飞机设计师。几十年来，除了下放的一段时间，他从没有离开过江西这块红土地，从没有离开过他衷情的航空事业。正如他自己所说："我这辈子只在一个企业，干了一件事情——研制中国自己的飞机，主要是教练机。"

在浩浩鄱阳湖亘古的湖洲上，长着翠绿的草丛，每年春夏之交，农民会将这些草割回家当绿肥。其中，有一种普通的草本植物叫藜蒿，喜温亲水，匍匐在地上的茎与叶充分地采撷着鄱阳湖的渔光玉露；扎根于地下的茎和须，则尽情吸吮着鄱阳湖的清洌灵气。它清瘦细巧，通体翠绿，充溢着鲜嫩的活力；它茎叶均可食用，可谓是全身心地奉献。它没有鲜花般娇艳的色彩可以恣肆，也没有水果般甜美的果实值得炫耀，只以它独特的芳香，以其自成一格的风味美食，得到人们的赞赏与喜爱。它的名声享誉大江南北，还远行千里，飘香京城。乐得"老表"们都自豪地说："鄱阳湖的草，江西人的宝。"

就像平凡朴实的藜蒿一样，石屏为人朴实无华，扎根于广大群众之中，时刻保持一颗真诚而正直的心，从事着自己热爱的航空事业。

就像清新淡泊的藜蒿一样，石屏在鲜花、掌声向他涌来时，谦虚地说："飞机设计是一项系统工程，作为总设计师，我只做了应该做的工作，更重要的是全公司广大科技人员、干部工人的智慧，他们付出了辛勤的劳动，离开了他们，我将一事无成，光荣属于大家。"

就像无私奉献的藜蒿一样，石屏几十年如一日，历经磨砺，耐住寂寞，对祖国的航空事业时刻保持着激情与追逐，敢于拼搏，甘于奉献。

是的，石屏是普通的，他的工作也是平凡的。可是“疾风知劲草，路遥知马力”，石屏在半个多世纪为祖国航空事业摸、爬、滚、打的岁月里，用自己的智慧、勇气和毅力让中国飞机走向了世界，为中国教练机事业快速发展做出了宝贵的贡献。他是在普通的工作中，创造出了不普通的成绩，他是在平凡的积累中成就了不平凡的事业，将自己的人生推向了一个又一个高峰。

那么，在漫漫人生征途中，他是如何走来？是如何跋涉？又是怎样攀登的呢？要了解这些，要认识一个全面的、真实的石屏，还得从他那苦涩的童年说起。

第一章

苦涩的童年

1934年农历3月25日清晨，在江西鄱阳县一个偏僻的小村——高石村，一个男婴呱呱坠地了。

旧中国农民的苦难，从来就是与天灾人祸紧紧相连。婴儿就出生在这样的农民家庭。

高石村虽说位于鄱阳湖畔，实际上却处在一个港汊的丘陵地区，没有渔业，全靠耕田种地维持生计。鄱阳湖是我国最大的淡水湖，地肥水美，哺育了千百万百姓。但旧中国政府官员腐败，没有人兴修水利，有几处圩堤也年久失修，每当洪水泛滥时，鄱阳湖水汹涌，毫无阻挡地冲击着两岸的庄稼，致使粮食颗粒无收，房屋倒塌，百姓没有归宿，造成巨大灾难。

那时候的高石村，道路不通，贫穷落后，生病了靠求神拜佛，一年到头难得温饱，能够“糠菜半年粮”的算是较好的人家，更穷的就可想而知，老百姓的想法就是靠天吃饭。农村把生儿育女看成是命中注定的，认为多儿多女有福气，当然这种思想的背景仍然是人多劳力多，人多不受欺负！儿子多更好，养儿防老呀！但现实生活里，子女多了，耕地没有多，吃饭的多了，粮食没有多。所以多子女是亦喜亦忧，对于当家的人，往往因此而苦恼。此时，婴儿的父亲正是处在这种苦恼之中。

在农村，妇女生孩子那是很平常的事情。第二天，婴儿的母亲就照常喂鸡、煮饭、洗衣，家里男人照常下地，孩子照常玩耍。

孩子总得有个名字，婴儿的母亲向丈夫提出来：“伢儿，得叫个什么？”不知是没想，还是没想好，婴儿的父亲只“嗯”了一下。“发、发”婴儿的爷爷似乎早就考虑好了，“在咱石姓里，他是‘宠’字辈，叫宠发，对，就叫宠发。”似乎对这个名字挺满意，他连着叫了两声。“发、发”这是农村遍地都用的字眼，很俗，但“发”又是穷怕了的长辈们对后生最大、最迫切，又最实际的梦想啊！

婴儿的父母何尝不想儿子如此呢，因此都同意了。依照农村的习惯，在家里都得有个小名。婴儿的父亲随口说："叫四,四嘞吧。"怎么会有这样一个奇怪的名字啊！原来婴儿虽然在家里排行第八，可在男丁里头是排行第四。封建的农村社会里，是从来不把女儿当做家里人的，所以在父亲的脑子里婴儿是老四，本欲叫老四的，但一想人刚出生，怎么就会老呢？于是把"老"字去掉，剩下个"四"字，又不好叫，就顺口将本土方言里一个习惯性的语气助词"嘞"凑上去，成了四嘞。

从此四嘞就在家里叫开了，也在这个偏僻的小村里叫开了，而石宠发这个名字，因为有些拗口，字也难认，逐渐被家里和村里人淡忘了，甚至再也没有人叫过（后来，考初中时，四嘞将名字改为石屏）。

那时候，高石村是个只有 40 多户人家的自然村，以高姓为主，石姓只有少数几户。离鄱阳县城有 30 余里[①]路，那是一条弯弯曲曲的小道，除了人力独轮车，没有其他交通工具。村里人到城里办事，只能靠腿走肩扛，大部分人一年都难得进城一两次。

高石村其实也很美丽、宁静，村前虽然只是鄱阳湖的一个港汊，但湖面的宽广仍足以令人心旷神怡。湖光潋滟中，不时有

鄱阳湖美景

①1 里 =0.5 千米。

候鸟飞舞。村后，背倚浸润着鄱阳湖水气的小山，苍松翠柏、绿草如茵。黑顶黄墙的房屋，错落在半坡上，被垂柳掩映，尽管简陋却别有一番乡土韵味。还有一棵百年大香樟，粗壮的枝，茂密的叶，似一把巨大的绿伞矗立在村子后面，将大片的阴凉撒给嬉玩的孩童和聊天闲谈的老人。村子的四周是一块块高低参差、平滑如镜的水田，不时显映着耕牛和村民辛勤劳作的身影。特别是村口荷塘里，荷花，鲜艳而又娇美，荷叶，硕大而又碧翠，它们簇拥在一起，连成一片，散发出阵阵清香，呈现着一种悦目的光彩。整个村子似一幅漂亮的水墨画，婉约而又清新。

如果遇上风调雨顺的年份，村民基本上能自给自足。男人们将收获的芝麻大豆拿去榨油，女人们用摘来的棉花纺纱，织成粗实厚重的土布并染成一律的靛蓝色，给大人小孩儿做新衣。年轻小伙儿则在农闲时去熬制硝盐，供村里人食用。逢年过节摇着拨浪鼓的货郎，敲着小锣卖糖块的小贩，也时不时来到村里，吸引着村里的大人小孩儿。这里不用钱币，人们都是各自从家里拿些大米、芝麻、黄豆之类的农作物，去换些小孩们爱吃的糖和女人们用的针头线脑儿等。遇上丰收年，多在春节后，村里还会请来戏班子，搭个台子唱几天戏，这是全村人最高兴的时候，老老少少，男男女女，聚在一起，台上唱，台下应，很是热闹。这样的日子，虽然浸透着艰辛与苦涩，可村民们总算觅到了些生活的乐趣。高石村，这时又像一张朴实的民俗图，欢快而又温馨。

但这样的光景并不多，鄱阳湖浇灌着万顷良田，又是渔民的生存空间，但长江水倒灌的时候，它凶猛的波涛顷刻间会将整个村子和田地变成一片蛮荒之地，将一张漂亮的水墨画泡得模糊一片，把一张朴实的民俗图浸得色彩全无。颗粒无收的村民们，又陷入饥饿与悲苦之中。特别是经过盛夏酷暑，传染病流行，缺医少药的村民只能死拖硬扛。因此，每到秋风萧瑟之际，不知从哪栋屋院里就会传出一阵撕心的哭声，人们知道，村里又有什么人离开人世了。

1937 年立秋不久，石屏父亲的肺病已经拖了两年（旧社会叫痨病），再也扛不下去了，在秋风凄雨声中他撒手离开了人世。不久，爷爷也忍受不了心中的痛楚，在疾病的折磨下告别了家人。这双重的打击对石屏一家，特别是对母亲和大哥是一场巨大的灾难，犹如在已经受伤的心口撒了一把盐，在苦茶般的日子中加一把黄连。这个家已经支离破碎，石屏的二哥、三哥过继给了人家，大姐、二姐早早嫁了出去，三姐送人当了童养媳，最小的四姐也被姑姑的婆婆看着可怜带去收养。在破旧的院子里，这个六口之家承受着生活的重压和精神上的苦闷。而作为长子，大哥承担着家庭重担。在这种环境下，大哥的脾气越来越暴躁，经常无端地打骂自己的女儿，甚至老婆。母亲经常在父亲的灵位前哭泣，边哭边诉说，这在石屏幼小的心灵里产生了对母亲的同情。每当这个时候，石屏会乖乖地站在母亲身边，拉着母亲的衣袖。这些是石屏长大后，母亲告诉他的。母亲说："你小时候很乖，你总担心我会哭，所以出去玩的时候会对我说'妈妈，你不要哭了'！"

1940 年，抗日战争进行到了艰苦的相持阶段。这个时候，石屏已经开始放牛了，大部分时间和其他的孩子玩，而且很顽皮。

一天，三姐的公公何先生在路上遇到石屏的母亲，他说："你伢子这么大，不能耍皮了，要去读点书。"这位先生是因逃避日寇的轰炸，从县城逃到高石村来的，在这里创办私塾。母亲长叹了口气说："哪有这个闲钱啊！"说完眼泪不禁出来了，母亲心里何尝不愿意送石屏读书呢？"远近咱还在亲戚路上，我看这伢子蛮伶俐的，叫他到我那里去读书，我不收学钱。"何先生说。母亲一听满心欢喜，千恩万谢。第二天，母亲就带着石屏来到何先生的私塾，恭恭敬敬地在孔老夫子圣像前跪拜、叩头，又给何先生行了大礼，算是正式启蒙上学了。

童年时的石屏

学堂第一年是从人、口、手开始认字和描红。第二年要读书了，何先生是位老学究，只会教国文。学堂没有课本，大部分人没有钱，买不起书，都是各自从家里找到什么书就教什么，大人都不会去管。石屏从三祖父的旧房子里找到一套《四书》，请先生教。所谓教，就是把书上的字教你认识，然后就自己去背诵，从不讲解。“大学之道，在明明德，在亲民，在止于至善。”“知之为知之，不知为不知，是知也。”石屏上课就是背这些绕口而又全然不懂什么意思的句子，感到十分的单调。可老先生十分严厉，好玩的石屏挨过不少“板子”。先生总是对他说：“读书就是要吃苦，不苦怎能通今古。”但是石屏这时并不懂，觉得读书十分辛苦，每天都盼着早点下课，好回家做完事去玩。此时石屏的“玩性”已经有了自己的特色。看到大人下象棋，他就会用硬壳纸剪成一个个小圆片，在上面写着车、马、炮等，再画上楚河汉界，与人家学起下棋来。看到别的小孩用纸扎梭镖玩，他就找来些毛竹片，削成像模像样的梭镖。竹制的梭镖射得又快又远，引得其他小孩子都向他讨要，这当然也十分危险，后来被大人们全部缴了械。这恐怕是他第一次制作“飞行器”了。

石屏在何先生那里领到的“赏”字最多，这是先生奖励学生的一种方法。对每次课文背得又快又好的学生，他就会用朱笔在一张小纸上写个“赏”字，在课堂上发给学生，得奖是石屏最开心、最自豪的时候。因为得了“赏”字，回家就可以吃一个荷包蛋。两年下来，石屏在何先生门下已经读了《四书》中的许多文章。

可就在这相对平静的日子里，厄运又一次向石屏和他的家人袭来。

这是一个夏末初秋之时，八岁的石屏与侄儿突然拉起了肚子，患上了严重的痢疾，连续几天都坐在马桶上，几乎下不来，吃什么就拉什么。一阵阵的疼痛令他全身痉挛，浑身发软疲乏地靠坐在墙壁边，原来红润的嘴唇已经发白，憔悴的脸上毫无血色，连眼睛也苍白得没有了光泽。孱弱而又嘶哑的哭声，像根巨针刺扎着母亲的心。一个儿子，一个孙子，都是心上的肉啊！母亲发了疯似的在村子里一家一户敲门求问草药方子，弄到了就赶快做给他们吃，可都不太见效。到城里去看医生，一是没钱，二是路远根本没法去。大哥大嫂也是长吁短叹，恨老天对他们太不公。急得六神无主的母亲，天天在菩萨和石屏父亲及爷爷的灵位前烧香磕头，额头上青一块、紫一块，全家人都陷入巨大的恐慌与无奈之中。20多天后，不幸终于发生了，石屏的侄儿经受不住这残酷的折磨，停止了呼吸……

从大哥大嫂、侄女和母亲凄厉的哭声中，石屏知道侄儿已经永远离开了他。石屏奇迹般地挺过来了。

1943年3月，在江西的日军为了进一步巩固其统治，发动了新一轮的春季攻势，开始对南昌及周边地区进行又一次大扫荡。听到咚咚咚的声音，大人们说这是鬼子的小汽艇到了双港。听到嗡嗡嗡的声音，大人们说这是鬼子的飞机来了，赶紧躲到床底下去，说床上有棉被可以挡子弹。现在看来，这是多么的可笑，但在当时，对飞机，人们只有这种想象的应对方法。

5月的一天，天空昏暗，几架涂着太阳旗的飞机几乎是贴着院子里的树梢飞过，有的人甚至看到了飞行员狰狞的面孔。这时候，石屏对着大人们喊：“我们的兵为什么不打他们？”

不久，就听到县城方向传来沉闷的爆炸声，又不知有多少人丢掉了性命，多少房屋被毁。这是石屏第一次近距离看到敌人的飞机，看到敌机的猖狂与罪恶，也对飞机有了十分深刻的印象。

日军的轰炸，迫使城里的老百姓纷纷跑到乡下去避难，当时习惯叫“逃难”。其中也有人逃到了偏僻的高石村，一向冷清的村落顿时喧闹了许多。这些人一落稳脚跟，就联系附近几个村的乡绅，张罗着要办学校，解决小孩子读书的问题。当地有位叫蒋章耀的先生，是师范毕业生，不仅会教国文，还会教算术、自然等课。于是，大家请他做老师。很快学校就建起来了，教室用的是石屏四祖父的房子，就在石屏家隔壁。石屏那个时候已经9岁了，近水楼台，他到这个学校上课了。

当时，学校里只有十几个学生，年龄差别很大，有二十几岁的，有十几岁的，甚至还有结了婚的。他们有些人读过初中，也有些人读过几年私塾。那时能读得起书的人，大都家里殷实。9岁的石屏算学校里年龄最小、家里最穷的一个，但石屏已经在何先生那里读了几年书，有一定基础。能在蒋章耀先生门下读书，是石屏童年时期的一种幸运。蒋先生教课与何先生大不相同，尽管学生的文化基础参差不齐，但他因人施教。教国文课时他会先解释文章内容，再要求背诵，并挑出些重要的句子反复讲解。特别是算术课，在何先生那里石屏没有接触过，这让他感到几分新奇。一串串阿拉伯数字，让石屏走进了一个新的世界，激发了他的学习兴趣。

石屏的记忆力特别出众，别的同学背书是每次只背一小段，他却是每次背一篇或两页文章，这样强的记忆能力连先生也为之高兴。由于营养跟不上，石屏体质比较差，晚读的时候经常会打瞌睡。有时候先生会让他罚站，他甚至站着都会睡着。因为这个，石屏经常会挨打。有时候蒋先生会罚他背文章，他一紧张，瞌睡也吓跑了，站起来便朗朗地背了出来，而且经常背很多内容。对于石屏打瞌睡的毛病，蒋先生也无可奈何。

在蒋先生那里，古文是主要课目，石屏学习了《左传》《唐诗》《史记精华录》《古文观止》等。石屏的算术成绩在班上名列前茅。蒋老师的授课和鼓励，培养了石屏的学习兴趣，激发了他的求知渴望。

1945 年，全国人民迎来了一件高兴的事：8 月 15 日，日本宣布无条件投降。经过 8 年艰苦卓绝的浴血奋战，中国人民终于取得了抗日战争的胜利！

8 月的天空，碧净如洗，火辣辣的太阳炙烤着大地，升腾着一阵阵热浪，但人们被胜利鼓舞起来的热情比这热浪更加炽烈，人人奔走相告，雀跃欢呼，全国各地民众都自发结队，通宵达旦地进行游街庆祝，沉浸在欢乐的气氛中。

胜利的喜讯也很快传到了高石村，在村中大樟树的浓荫底下，蒋先生高兴地给大家念着报纸，村里人围在一起热烈地议论开来，有的说小日本走了日子会好过些，有的说鬼子丢下那么多东西国民党去接收，派去的接收大员有的发财了，来逃难的城里人更是高兴地盘算着怎样回家……喜欢热闹的石屏，这些天一直围着大人转，虽然还不完全明白大人们谈话的内容，但看到大人们兴高采烈，想到日本飞机再也不会耀武扬威，心里头也很高兴，对打败敌人、国家胜利有了一个深刻的体验。

年岁大一些的同学经常会在一起谈学习，谈今后的打算，有的说将来要做教师，有的说要做医生，有的说要继承父业。这些人家里都比较有钱，谈起来信心十足。石屏非常羡慕他们，想到自己家里穷，体质又差，怎么走得出去？有时候，他会有点失落。但少年石屏更多的是对未来充满信心。有一次，听同学谈论去县城考初中的事，石屏上了心。他想，“他们能考，我为什么不能考？我并不比他们差！”这个时候的石屏，完全忽视了读私塾的学生到县城考初中需要到县里请老师补习，除了补习算术，还要补习包括地理、历史、时事等知识在内的“常识课”，比如要背中国有多少省份，简称是什么，省会在什么地方等。还要买辅导资料，这些都需要钱！也不知道哪来的一股力量吸引着石屏，他只有一个念头，去考初中。这是石屏长这么大第一次自己做出重大决定。

石屏 12 岁那年，他便准备考初中了。他向同学们打听去县城的时间、补习的地方。石屏把心事告诉了母亲，表示过几天要到县城二哥那里去，母亲听了只是叹了一口气。当时，二哥为了方便看病，在县城租了间房子。

做好这些准备工作以后，还有一件事让石屏放不下心。从小到大，家人、老师和同学都叫他四嘞，没有正式叫过他的名字，他也不喜欢“石宠发”这个名，而且笔画太多、太麻烦。报考时该写个什么名字呢？这时，一个名字闪现在他头脑中，他不假思索地填上了“石屏”两个字。早些时候石屏看见先生桌上有一本厚厚的《辞海》，他灵机一动，有了主意。趁先生出去的时候，他匆忙翻开《辞海》，找到石字条目顺着看下去，当看到“石屏”两个字时，他念了两声，觉得既响亮又好写，于是暗暗记在了心里，决心将自己的名字改为“石屏”。多年后，他才明白，原来《辞海》里介绍的“石屏”，是指云南省一个少数民族聚居的小县城名。今天，当我们在互联网搜索“石屏”两个字时，有两种解释，一是介绍云南省石屏县，二是介绍中国工程院院士，K-8、教 8 飞机的总设计师石屏等内容。

一切准备就绪，12 岁的石屏一个人踏上了去县城考中学的路，也迈出了他人生征途重要的一步。这一步显得有些幼稚和冲动，但又是那样充满勇气，充满新鲜活力。

经过两个多小时的步行，石屏到了二哥住处。二哥支持他报考初中，但却拿不出钱来帮助他。石屏找到已经在县城里补课的同学，请他们为石屏要求旁听。可老师说，旁听也要付钱。石屏自尊心受到伤害。为了和同学一起学习，石屏决定只到二哥家吃饭，和同学们住在一起。同学们是上午听课，下午复习，石屏根据补习同学的学习情况，见缝插针地借阅他们的复习材料及笔记本。同学们都很忙，石屏旁听他们背诵的内容，那些“常识”听几天也就记住了。盛夏的中午，非常炎热，石屏去二哥家吃饭要走很远的路，一路听着蝉声已经不再是他放牛时愉快的感觉，而是凄楚无助的声音。

不久就开始报考了，那时考中学不像现在实行统一招考，而是由各个学校自设考场，自出试卷，自行录取。学生可以自由选择学校，也可以同时报考几所学校。这一年县里有 3 所中学招生，2 所私立、1 所省立。石屏在报名表上填上了新名字。正当他先后考完了两所私立中学，准备考省立鄱阳中学时，大哥突然来到县城，对石屏说：“考什么学校呀？！跟我回去割禾。”并蛮横地把他带回家去。大哥是反对他读中学的，反对的理由有两条：一是没有钱；二是大哥认为读书的人都没有好结果，读了书就会远走高飞，不会回老家了。这些宿命的思想都是大哥从旧地方戏曲中看来的，一直植根于他的脑海中。起初，让石屏读书只不过想让他认几个字，算几个数，根本就没想让他读中学。加上当时家里正在割禾，人手不够，所以一听说他考中学，就赶到县城来了。

知道大哥要带自己回去，石屏死活不肯。大哥不由分说，拉起他就走，“长兄为父”，在一旁的二哥也不敢阻拦。就这样，石屏怀着对大哥的不满回到了村里。

不久，同学捎来消息，两所中学都录取了石屏，这使他既高兴又难过。高兴的是他有能力考取初中，难过的是他不能去上学。那段时间，他谁也不理，一个人生闷气，以无声的行动向大哥抗议。在地里割禾、干农活时，甚至吃饭时，他都是满脸愁云，有时候怒形于色。后来，大哥告诉母亲说：“四很有主意，他说长大了要找我讲理。”

心情不好的石屏经常做梦，半夜会呜呜哭起来，赌气的时候，还会摔东西。母亲看到石屏这样，十分心痛。她跟大哥商量说：“石屏想读中学都想疯了，明年就让他去吧！”大哥听后，只轻轻地叹了口气，算是默认了。

村里开学时，石屏已经成了学长。同学们都听说他考取了中学，知道他很厉害。可是，少年石屏的心思已经不在这个学校里，也不在村里。虽然没能读上初中，但他却看到了一个更大、更广阔的天地，也多了一份自信。

冷静下来的石屏学会了思考，他知道，真正阻止他上中学的不是大哥，而是贫穷。面对残酷的家庭环境，石屏逐渐养成了一种倔强、自尊而敏感的性格，也促使他下定摆脱贫穷命运的决心。对他来说，眼前唯一的办法就是走出去，读书，而不是像大哥那样圈在三分地里。他决定，第二年再考。

心里有了目标，做事就有了方向。有了前一次考试的经验，石屏显得更加沉稳。他从同学那里打听到，私立中学每学期的学费要一担[①]五斗[②]米（国民党时期，币值变数太大，所以学校收费是以市场米的价格来计算），而省立鄱阳中学只要 5 斗米。石屏知道，对于他这样的家庭，他只能选择考鄱阳中学。

鄱阳中学，始建于清末废科举、兴学堂之际的光绪 28 年（公元 1902 年），是江西省 6 所老牌重点中学之一。初名为饶州府中学堂，后按省立中学排序，称为江西省立第五中学。学校师资雄厚，学风浓淳。“勤朴公勇”的校训，激励着莘莘学子，造就和培养了不少优秀人才。那是鄱阳县和临近县青少年向往的学校，不过，不为人所知的是，石屏当时考这个学校不仅仅是为它的“名”，还因为它收的“米”相对较少。

报考鄱阳中学的人特别多，学校录取率很低，是一所非常难考

① 1 担 =50 千克。

② 1 斗 =10 升。

现在的鄱阳中学

的学校。石屏更加勤奋了，在他即将离开私塾的日子里，他将所有的时间都用在读书上。他明白，这事只能靠自己。为了能够上学，他必须努力。

第二年，少年石屏按照自己的计划参加了鄱阳中学的入学考试。这一年学校有 500 多人报考，只录取前 50 名。石屏以第 32 名的成绩被鄱阳中学录取，这对一个只断断续续读过几年私塾的农家孩子来说，实属不易。

当石屏看到红榜上自己的名字时，高兴得跳了起来，一股压抑已久的沉闷即刻释放出来，顿时，热泪涌出眼眶。这是幸福的眼泪，这是付出艰辛得到收获时的眼泪，也是无比自豪与骄傲的眼泪。

回家的路上，石屏心情无比愉悦，他甚至感觉到树上的知了都在为他歌唱，天上的鸟也在为他欢笑，连平日坑坑洼洼的小路也平坦了许多，昔日漫长的路程也短了不少，一会儿就到了家。消息很快传遍了全村，大家都在为他高兴，也都在赞扬他，连蒋先生也表示祝贺。因为石屏是村里多年来唯一的一名中学生，争气的石屏让母亲充满风霜的脸上露出了难得的、骄傲的笑容。

“路虽远，行必至，事虽难，做必成”，天不怕、地不怕、性格倔强的少年石屏践行了这条古训。在母亲、大姐、二哥、三哥的劝说下，大哥对这个为了读书近乎玩命的弟弟，也只好退了一步，勉强同意石屏去上学。

开学前夕，为了筹到弟弟的学费及生活费，大哥把家里唯一一头准备养到过年卖的猪给卖了。母亲为他缝了件新衣，大姐给了他一双鞋子。石屏心里清楚，家里几乎是倾全力助他读书。背上简单的行李，石屏以一种忐忑不安的心情独自走上了去县城的路，也走上了一条艰难的求学之路。

13 岁的石屏，第一次离开家住进了学校。虽然条件很差，但求知的热情、读书的欲望，使石屏忘记了这些，除了偶尔会想念母亲，他把精力全放在学习上。

天有不测风云，第二年初，高石村遇上了“春荒”，家里揭不开锅，哪里还有米交学费！大哥叫石屏不要读了，眼瞅家里的境况，母亲也不吭声了，这让石屏如五雷轰顶，他整整哭了一夜。看到石屏这个样子，母亲找三姐商量怎么解决石屏吃饭的问题，三姐让石屏到她家去吃饭。三姐家住在县城边，离学校有一段路，三姐夫是个小货郎，三姐则给码头工人洗衣服，家境也很艰难。二哥和三哥也想办法凑钱交学费，支持石屏继续上学。

就这样，石屏熬过了一个学期。

农村的“春荒”是经常会有的，走投无路的石屏急得在操场上转来转去。管体育用品的校工看到平日喜欢打篮球的石屏无精打采的样子，感到很奇怪，石屏愁容满面地把家里的情况说了，校工想了想，十分同情地说："你先在我这里加双筷子，等秋收家里有了米再还给我。"石屏感激地点了点头。

1949年春天，人民解放军渡江作战，势如破竹。5月，鄱阳县解放了，解放军的宣传队到了学校，动员学生参军南下。有一部分高中生报名了，石屏也去了报名现场，要报名。一名解放军不禁笑了起来，亲切地摸着石屏的头说："你呀，最多15岁，和我弟弟差不多大，正是读书的时候。"虽然没能参军，但解放军唱的"三大纪律、八项注意"以及他们和蔼的态度却留在了石屏心中。没过多久，学校放假了，石屏也回家了。

1949年夏天，由赣江、抚河、信江、修河和饶河五大河流组成的鄱阳湖水系普发洪水。100多千米^{2}的鄱阳湖茫茫一片，高石村也没能幸免，耕地、房屋都被水淹了。这场洪水对于石屏家，无疑是雪上加霜。

石屏回到家里一看，满眼荒凉，母亲一脸的憔悴，大哥沉默无语，往日平展的田地成了一堆堆黑黝黝的烂泥，枯黄的稻子似一团团乱草，狼藉一片。除了抢收了一点未成熟的豆子，稻子颗粒无收。在石屏的记忆里，因洪水浸了房子而几次搬家，有时候搬到后山的茅草屋里，两家共用，各占一半，用于堆放杂物。因为是夏天，没有房间，全家人睡在露天，下雨时挤在屋里，很热，蚊子多。人们对于洪水习以为常，只怨天公不作美。

这一年的灾情很严重，真是颗粒无收，石屏一家又是住茅草屋。想到这次真的不能上学了，他特别伤感，无法忘怀，这是石屏第一次因为失望而痛苦。

这时的石屏再也没有向母亲、大哥、三哥提起过读书的事，他知道，大家都在经受着苦难，家里已经一无所有，他不应该太自私，他应该承担起家庭的责任。于是，他每天跟着大哥一起平整田地，抢种些农作物。他压抑着对读书的渴望，压抑着对校园的思念，默默地干着农活。

校工到家里来要米，石屏红着脸支支吾吾。校工看了看空空如也的米缸，再揭开灶上的锅盖，只见全是些半生不熟的毛豆，难过地摇了摇头，没有吭声。临走之前，他拍着石屏的肩头，叹息着说："嗨，实在没有办法，穷人的孩子读书太难了。"这句饱含理解与无奈的话，让石屏有点伤感，他握着校工的手说："我会记住你，等有米了，我会找你的。"

尽管对读书没有什么期望，但忙完农活，百无聊赖的石屏按捺不住对学校的思念，加上想看看县城里解放后的情况，九月中旬的一天，他独自去了学校。石屏爬上围墙，看见操场上有的人在打篮球，有的人在跳绳，很是热闹。回家的路上，正好碰上一位熟悉的老师，老师看见石屏就问："石屏，你怎么不来上课？"

看到熟悉的老师，石屏小声地说："老师，家里发大水，交不起学费，也没有米交食堂。"

"石屏！现在解放了，国家会发助学金和困难补助，吃饭先不用交钱，学费以后再说，我带你去报到。"老师是个热心肠，他喜欢这个老实听话的学生。听老师说国家会发助学金，石屏心里非常高兴。此时的石屏并没有意识到，这个时候中华民族正跨入一个全新的时代，他的命运正发生着根本性的转变。

鄱阳县刚解放时，人民解放军立即进行剿匪，维护治安，稳定民心，还来不及管理学校，5月，学校就放假了，国民党任命的学校领导和外地的部分老师都回老家了。不久，县人民政府成立，在进行剿匪维护治安的同时，开始进行社会各方面的治理，首先治理教育部门，决定将两所私立中学合并到鄱阳中学，集中师资力量，调来了新校长，配齐了学校领导班子，学校很快就按时开学了。石屏来校时，学校已将他那个年级分成甲、乙两班，并已经上课了。由于各个学校学的课程不一样，入学时进行考试分班，乙班主要是原鄱阳中学的学生，甲班是合并来的学生和报到较晚的学生。石屏来晚了，老师只好将他安排到甲班。不久，学校便开始评定助学金。

石屏被这突如其来的消息震惊了，黝黑的脸上顿时放出了光彩。他高兴得像一只小鸟，一阵风似的回到家里，把这个喜讯告诉了母亲和大哥。母亲高兴得落下了眼泪，她明白，儿子这段时间憋闷得很，一直担心他，这下她终于放心了，赶忙帮儿子收拾衣服。

第二天，石屏重新踏上了去学校的路，这条路他走了几十次，可没有一次像今天这样轻松、畅快，这样充满希望。在认知上，这个乡里孩子还不完全理解共产党、人民政府以及解放对全国老百姓有着什么重大意义，中国将会有什么根本性改变，但是他知道，他之所以能再上学，是因为共产党和人民政府，因为解放军对他的关心。少年石屏单纯质朴的内心里已经将共产党、人民政府、解放军放在心中最崇高的位置上。随着新中国的诞生，石屏在最困难、最绝望的时候迎来了他的新生。

第二章

新生

1949年10月1日，是一个令全中国人民欢欣鼓舞，全世界为之震动的日子，北京天安门广场上，千万面红旗迎风招展，30万人举着五彩缤纷的花束和彩球欢聚在一起，等待着一个庄严时刻的到来。

下午3时整，毛泽东主席以庄严而洪亮的声音宣布："中华人民共和国中央人民政府成立了！"顿时，54门礼炮齐鸣28响，广场上欢声雷动。随即，毛泽东主席按动升旗电钮，一面鲜艳的五星红旗在雄壮的国歌声中冉冉升起，伟大的新中国从此诞生了。

此时此刻，远在千里之外的鄱阳中学也沉浸在一片节日的气氛中。操场上，彩旗招展，锣鼓喧天，同学们围成一圈，有的打腰鼓，有的扭秧歌，场面十分热闹。石屏和老师、同学们一起参加了各种活动，热烈庆祝新中国的诞生。

重新进入学校后这段时间，是石屏懂事以来最为舒心的日子。他到区里开申请助学金的证明时，区长表扬他考上了鄱阳中学，区长还专门打电话给鄱阳中学校长，说明石屏的情况。这样，石屏领到了甲等助学金，免交了学费和伙食费，吃饭不愁，睡觉无忧，可以安心地读书了。在重新入学的半年多时间里，降临到石屏身上的喜事扫除了他很多烦恼和忧愁，他内心充满了喜悦，感受到了幸福的滋味。他感到新生活将从这里开始。

新生的日子是可爱的，也是催人向上的。

进入新学期，石屏迸发出巨大的学习热情和政治热情。他刻苦学习，不久就转入初三乙班。与此同时，他还积极参加学校和班里组织的各种政治活动，思想进步很快。怀着对党感恩的心，第二年春天，石屏写了入团申请书，积极参加团知识学习。因为他的朴实热情，品性良好，成绩优秀，并具备一定的组织能力，石屏成为老师和同学们都喜欢的好学生。1950年6月，石屏成为全校第一批，

少年时的石屏

全班第一个加入中国新民主主义青年团的学生。那时，学校没有党支部，教师团员和学生团员在同一个团支部参加组织活动，学校学生团员很少，而初中生团员更少。

加入青年团，石屏对党的认识开始逐渐从朴素的感性认识走向理性认识，为今后的进步打下了良好的基础。

初三毕业考试时，石屏考了全班第一。按照学校的规定，他免试进入本校高中部。这对石屏来说，是个巨大的鼓舞和激励，也更加增强了他的自信心，对进入高中学习充满了希望。这年暑假，学校还专门把他留校，开展少先队活动和暑假青年学员工作。石屏很快成了团组织的骨干，老师的得力助手。

进入高中，石屏更加繁忙了。他在校团支部、学生会都担任了职务，在班上担任了班长。石屏热情四溢，精力充沛，各项工作做得有声有色。

开学不久，学校接到了一项重大的政治任务：高中生全部停课，到农村参加土地改革运动。

早在 1950 年 6 月，中央人民政府就颁布了《中华人民共和国土地改革法》，在全国范围内开展了轰轰烈烈的土地改革运动，这是一场攸关广大农村和农民命运的政治和经济运动，关系到千万农民切身利益的大事，涉及到大量测量土地、分配物资、计算账物、划分成分等具体事务，需要大批有文化的人员参加，这样，高中生也参与进来。

农家出身的石屏自然是积极响应，与老师和同学们一起投入到这一运动中。一下到农村，他们就和土地改革工作队一起认真做群众的宣传工作，深入茅屋、草棚，访贫问苦，并与农民同吃同住，进行调查登记。学校还专门排练了“白毛女”及小歌舞等节目到村子里演出。石屏没有演出，便忙着写标语、贴标语、搭舞台、管道具等，干劲十足。

参加这次土改运动，对青年时期的石屏是个很好的思想历练过程。在与土改队员的接触交谈中，在学习宣传党的各项土改政策中，在深入了解农民的疾苦中，在激烈的斗地主、分田地过程中，石屏经历了以前不曾遇到、不曾见到的情景，同时，也深刻理解了共产党领导农民打倒封建地主阶级，消灭封建剥削制度，为广大农民谋利益的革命之举，明白了只有共产党才能救中国，建设新中国的道理。

土改工作结束后，有部分同学由于土改工作的需要及农村干部十分缺乏等原因，参加了工作，大部分同学回校继续学习。而此时，抗美援朝战争爆发了。

1950年10月25日，中国人民志愿军跨过鸭绿江开赴朝鲜前线，和朝鲜人民军并肩作战，抗击美军侵略。而在国内，则掀起了轰轰烈烈的支援抗美援朝的群众运动。大批青年工人、农民和学生踊跃报名参军参战，鄱阳中学也不例外，很多同学参军了，学校高中部走了很多人，石屏所在的高一年级只剩下一个班。经过认真的遴选，团组织推荐石屏当了校团支部书记。石屏更加繁忙了，当时城区街道上的“文化人”很少，政府将大量的宣传工作派给学生。因此，石屏白天上课，晚上要和同学下到居民点，做抗美援朝的宣传工作，这些活动分散了同学们的学习精力，减少了学习时间。

鄱阳中学是一座校风十分严谨的学校，对学生的学习要求很严格。不管什么原因，只要3门功课不及格，就要留级。石屏承担了较多的社会工作，经常因参加会议而缺课，这给他的学习带来了一定的压力，好在学校给团支部配备了一个小房间作为办公室，他经常在那里加班加点补习、复习功课，经常熬到深夜。就这样，在学习上，他从没掉过队。

1951 年下半年，学校推举石屏作为优秀团员代表，参加浮梁地区（现在江西景德镇）第一次团员代表大会。这是石屏有生以来第一次获得这么大的荣誉，也是他第一次走出鄱阳，心里特别高兴。但同时，他又犯了愁，原来他愁自己没有一件像样的衣服穿得出去。好心的同学知道后，有人借给他一条裤子，有人借给他一件上衣，“打扮”停当，他便出发了。

那时的交通十分不方便，到浮梁路途不算很远，却要一大早出发，坐船，到中途的黄港住一夜，第二天的傍晚才能到达。兴奋异常的石屏全然不把旅途的辛苦当做一回事，兴致勃勃地来到了浮梁。

这次团代会是解放以来浮梁地区团组织召开的第一次大会，地区领导非常重视，地区黄政委亲自到会，给青年们作报告，他的报告风趣生动。他还唱了井冈山的民歌，一点架子都没有，给石屏留下了很好的印象。开会期间，各个地方的青年男女在一起讨论、发言，大家十分热情、友好，大大开阔了他的眼界，也让他感受到“天外有天，人外有人”。会议期间，批判了“翻身忘本”的思想，土改期间培养了一名干部，后来他分到田以后，便不愿当干部了，想回家种田。在组织内部，这样严肃认真地对待一种思想倾向，对青年石屏来说是一次很深刻的教育。

浮梁开会回来不久，石屏又作为优秀青年代表与校长一起（校长是教育界代表）参加了鄱阳县第一届人民代表大会和政治协商会议。能和县委书记、县长及各届名人代表一起开会，他感到格外的开心和荣耀。一次小组会上，县委书记要石屏发言，虽然没有准备稿子，但石屏大胆发言，向大家汇报了参加土改、宣传抗美援朝等工作的情况，受到了县委书记、县长和代表们的夸奖。中间休息时，县委书记高兴地给大家发烟，顺手给了石屏一支，回头一看是石屏，连忙说："你还是学生，可不能抽烟。"引得满屋大笑，一脸通红的石屏忙说："不会，不会！"心里却暖洋洋的。

此时的石屏，政治思想上成熟了不少，在学校的知名度也更高了，可功课却落下了不少。特别是进入高二，功课难度加大，又增加了些新功课，如立体几何等。这门课本身就比较抽象难懂，刚上课就去了浮梁，他又没有听几节课，马上就要月考了，这可把他急坏了，寝食难安。好强的石屏灵机一动，到食堂去抓了几个萝卜，白天认真听课，晚上就在办公室里按图削萝卜，做成模型，再反复观察、思考，建立起自己的立体概念。这次月考，石屏考了85分，班上同学都大为称赞，但他却不满意，因为这个成绩当时在班上是中等水平。

由于石屏是学生团干部，高二暑期他被县团委派到中南（汉口）团校学生团干部培训班学习。这是个大区级的团干部培训班，包括湖南、湖北、江西、河南等数个省份，江西全省也只有十几个人参加，是个非常难得的机会。能代表江西出省学习，石屏知道这是县领导和学校对自己的关心与培养，他感到十分荣幸。

于是，石屏简单收拾了一下行装，一个人持县里和学校开的证明，坐着小船到达南昌，接着又一路问询找到团省委报到。

青年石屏

与参加学习的同学会合后，石屏感到十分亲切，带队的干部待他们十分热情，问寒问暖。经过几天的短训后，江西小组人员登上了北上九江的火车。这是石屏第一次乘坐火车。

火车在无际的田野上行驶，两道亮灰色的线条向前延伸，富有韵律的"嚓嚓"声是如此动听，急速而清新的风又是那样凉爽。对一切都觉得分外新奇的石屏，不时扭头望着窗外的风景，金色的稻田连绵不断，似乎总是围着自己旋转，蓝天白云总像在自己头上流动，一切是这样美丽，动感十足，他沉浸在一片暖洋洋的欣喜之中……

下了火车，又登上了几层楼高的江轮。虽然在水边长大，可石屏还从未见过如此巨大的船，更不用说乘坐了。他在楼层间穿梭，在甲板上徜徉，一切又是那样新奇。次日，到了三镇鼎立的大武汉，只见高楼鳞次栉比，道路车水马龙，大街繁华喧嚣，人群熙熙攘攘……如此繁荣的城市，汽车、火车、江轮和大厦，石屏都是第一次看到，3 天内接触到这么多新鲜事物，他很兴奋。但他又想起，他原来并不知道柏油马路是什么样的，汽车有这么多种类，内心又觉得惭愧，他自嘲：这就叫孤陋寡闻。

中南团校暑期培训班汇集了中南地区几个省市的中学生团干部，是为了加强中学的青年工作而开办的。由于当时中学生的活动很多，县市有什么大会或迎宾活动都要中学生列队敲锣打鼓去欢迎、欢送，因此，会议有纠正学校混乱现象的内容。在团结、紧张、严肃、活泼的氛围里，石屏和同学们一起深入讨论时事，谈论国家第一个五年计划、国际时事以及面临的任务。特别是听了团校教务主任结合当时国内外形势讲的政治课，石屏的思想受到强烈震撼。教务主任讲到在抗美援朝战争中，美帝国主义大批飞机狂轰滥炸，起初，我空军飞机数量少，志愿军和朝鲜人民遭受了巨大损失。听到这些话，石屏不由得想起小时候亲眼看到日本飞机低空轰炸、扫射的惨景，深深地懂得这代价的沉重。教务主任还强调说，国家就要开始进行第一个五年发展计划，要加强国防建设，并强调指出，没有强大的国防就会吃亏，就会被动挨打，他号召青年们努力学习，提高科学知识水平，早日投入到祖国的经济建设和国防建设中去。这堂政治课，听得学生们个个热血沸腾，石屏更是心潮难平。几天的学习，结合自己这几年的亲身经历，石屏感觉到，党和国家的需要就是自己最大的志愿。自此，他下定决心，要认真学习，考上大学，参加国防建设，特别是航空建设。对于飞机，他自小就有太深的印象，这次又听到我们受到敌人飞机的欺负，更加坚定了他学习航空、献身航空的决心。

从中南团校学习回来，石屏直接写信向团省委反映鄱阳中学存在学生经常参加校外活动，影响学习的情况。石屏当时很单纯，认为这是团校学习带回来的精神，自然向团委汇报。不久，团省委便将这封信转到了鄱阳县委。县委组织部在干部大会上说，石屏向省里告县里的状，并批评了石屏的这种做法。但石屏不以为然，他认为自己是根据中南团校的学习精神反映情况，没有错。没过多久，报纸上便发表了纠正学校的混乱现象的报道。这时，县委派县团委的负责人跟石屏说，他反映的情况是对的，不要有顾虑。这件事给石屏的印象很深，他觉得，批评错了，马上改正，这样的干部真好！

没多久，县里青工部长就找石屏谈话，要他留下来工作，还说县委要办一个培训班，准备让他参加。一向处事果断的石屏这回可犯了嘀咕，回想这几年的成长过程，似乎有一只善意而信任的手，将自己引向从政之路。当然，这是党、团组织对自己的重视、关心，在着力培养自己，应该领会领导和组织的心意。另外，家里的生活虽然比以前好些，但仍然很困难，特别是母亲需要自己照顾，参加工作就有薪水，能大大改善家里的窘境。但是，中途退学去参加工作，就意味着失去了考大学的机会，报考航空院校的希望也就破灭了。他想起了中南团校教务主任讲话时的身影，想到了抗美援朝战争，想到急需大量飞机、大炮的志愿军部队……

几经考虑，石屏坚定了自己的决心，向青工部长述说了自己要继续读书、报考大学、学习航空的想法，他富有激情的良好愿望和坚定不移的志愿，得到了领导的赞许和理解。

又是一年春天，有一天，三哥突然来到学校，告诉石屏家里已经揭不开锅了。一听三哥这么说，石屏便想到了母亲，想象着母亲正在家里挨饿，他心急如焚。母亲是石屏最担心、最心疼的人，石屏在心底命令自己，不能让母亲挨饿。于是他对三哥说，我来想办法。石屏找到一位同学，跟他讲了自己家里的情况，事实上，他也没有多大把握，毕竟他们都只是学生。这个同学二话没说，便跟他们班一个叫危青萍的女生讲了这事，没想到，她马上跑回家，拿一只戒指去市场上卖了，把钱交给了石屏，前前后后，不过一个多小时。石屏也没多想，拿了钱就交给三哥，连“谢谢”都没说。危青萍的帮忙使石屏家又度过了一个灾难年，后来石屏才知道，那只救命的戒指是她母亲去世前留给她的。

石屏时常感觉自己是幸运的，尽管历经磨难，但石屏的精神世界却很充实。石屏不太爱回家，在家里，没有能说得上话的人，就连最亲的母亲也只是生活上的相互照应，很少有精神上的沟通。因此，在石屏内心里，友谊成为他非常重要的精神支撑。从小到大，石屏都是在友爱中成长的。无论是初中还是高中，他都有一帮非常要好的同学和朋友。石屏冷的时候，有人脱下毛背心给他穿；同学见他用蘸水笔在课堂上记笔记，就送他一支自来水笔。石屏不拒绝，也不多想。就是这种最平淡、最朴实的友谊，使石屏在面临人生困境时保持了一颗健康、感恩的心。

多年后，石屏又见到了危青萍，当他提起这件事时，危青萍已经淡忘了。她轻描淡写地说，你怎么还记得那件事？其实，当时也没多想，只是觉得救人要紧，自己应该那么做，就做了。可在石屏心里，这个人，这件事却记了一辈子。

到了高三，还在担任校团总支书记的石屏意识到，高中前两年他缺课太多，为了高考，他必须认真从一年级的课程开始复习。下定决心后，他找来委员们商量，决定从高一新生当中挑选一位年龄

石屏与中学同学合影，其中，右边为卖戒指帮助石屏的危青萍

较大、学习成绩好还当过农民的团员，担任团总支书记，自己暂任副书记，协助工作，并推荐他去参加培训班。没过多久，这位同学就能胜任团的工作了，石屏便全身心地投入复习中了。后来，这位同学入了党，还留校做了专职干部。

石屏有条不紊地开始进行有计划的复习。他知道高考不像平时考试，而是对高中 3 年学习的一个总考，依仗些小聪明是过不去的，必须要有扎实的基础功夫，来不得半点马虎。他在学校找了间堆放废旧物品的库房，简单打扫了一下，作为自己的复习场所。除了上课和做些团的工作，几乎所有的课余时间他都将自己关在这里复习，节假日也不例外，乃至整个寒假都没有回家。石屏从青年时代就具有了这种独立自强、刻苦努力、耐得住寂寞、奋发图强的求学精神。

临近高考的时候，石屏又遇到了一个难题。原来那时考大学县里的学校不设考场，学生要去省城南昌考，而且那时各个学校的教材不统一，还要提前一个月到南昌，进行集中复习，然后参加考试。

这其中的住宿、伙食费，对家里来说是一笔不小的开支，他只有东拼西凑，借了些钱，又得到一位朋友的资助，便去了南昌。总算可以安下心来复习了。因为人多，大家都睡地铺，天气又热，蚊子也多，洗澡也成问题，但对吃惯了苦的石屏来说，这些都不算什么，他只是一个劲地闷头复习。那时填报志愿没有详细的升学指导，航空院校只有北京航院和华东航院，石屏毫不犹豫地将航空作为了自己的第一志愿填了上去。

高考结束，回家等待录取通知的时间是漫长的。当时对考上大学的学生，不像现在这样家家户户寄送录取通知书，只是将录取学生的名单集中登在报纸上，然后到学校去取通知书。而江西考生的名单只登在武汉出版的《长江日报》上。对于水陆交通均不便的偏远乡村，当石屏赶到县城看到《长江日报》时，已经是实际发榜日之后一周了。

急不可耐的石屏拿到报纸，心里像揣了一只小兔子，突突地跳，在报纸上密密麻麻的名单中寻找着自己的名字，他心想：不管什么学校，只要能学航空就好。“找到了、找到了！”他终于看到了自己的名字，喜悦的心情溢于言表，他考取的是南京航空专科学校（南京航空航天大学（南航）前身）。喜讯很快传到了家里，也传遍了全村，石屏是村里第一个大学生，父老乡亲都为之高兴，纷纷向他的母亲和大哥表示祝贺。

接下来，石屏就忙着办各种手续，到乡里开证明，到县里、学校开介绍信，而且还要到南昌去领路费，这一切都是他一个人凭着两条腿来回奔波办成的。

临出发前的日子，母亲心情很矛盾，前些日子经常挂在脸上的笑容渐渐被牵挂和忧虑替代，话也少了许多。儿子这次真的是出远门了，实在舍不得，她想起了大儿子说的话：“读了书，就会远走高飞。”还真应验了。

走的这天，母亲起了个大早，做了一大包干粮让他带着在路上吃，大姐、大哥等家里人及邻居都来送行。虽然是去读大学，可石屏的行装却非常简单，只是用块方粗布，将被子衣服一起打了个包，背在身上，走到村口，他道别了家里人及乡亲，怀着依依惜别之情上了路。

此时，太阳刚刚露出笑脸，微风吹拂着，空气格外清新，他猛地吸了口气，脚步轻松地向县城方向走去。小路两旁的山丘，河沟里的流水，随风起伏的庄稼，今天看起来都是那么亲切可爱，漂亮美丽，甚至田野散发出的干草气味他也觉得分外香甜。他自己都觉得奇怪，这条走过了无数趟的小路，这些看过了无数遍的景物，怎么都变得那样新鲜而又耐人回味……

到了南昌，石屏与要去北京、东北等地求学的同学结伴，上了北去九江的火车，过了九江，同学们便分道而行，石屏在九江登上了东去的江轮。数次外出开会学习的经历，让青年石屏对外面的世界不再是那样陌生和胆怯，但兴奋之情不亚于第一次出远门。

随着一声洪亮的汽笛声，石屏踏上了去南京的求学路，开始实现他孜孜不倦的追求。

石屏坐的是五等舱。夏末初秋的时日，在拥挤嘈杂的底舱还是很闷热，可石屏全不在乎，渴了到船上打口水喝，饿了啃几口冷馒头，困了就坐着打个盹儿，他一直沉浸在一种幸福的喜悦中……

他登上甲板，走到船头，江风拂面，他心潮澎湃：自己原是一个为上学发愁，生活不安定，情绪低沉的青年，现在学习有保证，有吃有住，有学校关怀，有朋友帮助。解放后4年多发生的一切都是温暖而美好的回忆。现在他正走向大学，走向新生活。石屏有点不安，因为那是陌生的地方，但他也有信心，他知道，处处都有党的阳光。他想起一位朋友告诉他的一句文章批语：滚滚长江不尽流。是的，人生总是继往开来，不会停息。望着滚滚长江，他憧憬着未来。

第三章

走进大学

南航建校初期校门

南京，又称金陵，既是名闻天下的六朝古都，也是历史绵延的十朝都会，还是旧中国国民政府的所在地。

由于石屏迟到，接新生的队伍已经解散了。偌大的城市，要找到南京航专，可苦了初来乍到的石屏。南京航专没有参加国家统一招生，因此，很多人都不知道这个学校在哪里，石屏背着背包不知朝哪个方向走，也不知道坐哪路汽车。正着急时，一辆黄包车过来了，傍晚时分这辆车才把他送到了学校。

到了学校大门口，石屏见到两名解放军战士持枪站岗，显得庄重、威严，但校门口没有挂牌子。石屏把所开具的录取证明、介绍信等一一给解放军战士查看后，对方打了个电话，不久，一位青年把石屏引进了学校。

抗美援朝战争加速了部队对航空工业的迫切需求。1951 年 9 月，重工业部航空工业局召开了全国首次航空工厂厂长会议，传达了中央关于发展航空工业的方针、任务的指示，决定要用“两个拳头打仗”：一是迅速发展航空工厂，保证飞机在“抗美援朝”前线连续参加战斗；二是迅速建立航空学校，大量培养技术干部。会议确定在南京、北京、哈尔滨、汉口等地创办航空工业学校。

建校初期的情景

南京航专便是这一时期的产物，于 1952 年 10 月创建。学校建于南京市东南隅闻名的紫金山西南麓，明故宫的遗址上。建校初期，这里没有人家，只是旷野一片，十分荒凉。

建校不到一年，首届近千名

学生就陆续进校了。根据中央军委的决定，这批学生全部由中国人民解放军华东军区推选具有高中文化程度的现役军人免试入学。他们当中有士兵，有军官，有参加过解放战争的，也有参加过抗美援朝战争的。这批军人学生勤奋好学、纪律严明、作风正派，为后来进校的学生起了很好的榜样作用。

石屏是航校第二届学生。这批学生全部是由国家经过考试，按大学标准严格遴选出来的。他们进校时，学校还没有全部建好，实际上大部分还是工地。一下子又增加了1000多名学生，教学、生活设施一时跟不上，于是，学校将男同学安排在一个很大的工棚内，女同学则住在新建的宿舍内。没过多久，男生们便搬到了新宿舍内。

当时的南航设立了6个专业，分别是活塞式发动机制造（一专科）、喷气式发动机制造（二专科）、飞机制造（三专科）、航空仪表制造（四专科）、飞机电气设备安装及试验（五专科）和航空机械加工（六专科）。学校通过展览的方式帮助新生选择专业，在一个大的厂房里，分别摆上相关专科的实物，像展览一样，如活塞式发动机制造专科就摆放了一台活塞式发动机，航空仪表制造专科则摆上部分航空仪表设备等。由于当时学校还没有一架完整的飞机，飞机制造专业只摆放了一些飞机部件。对新入校的学生来说，飞机是神秘而新奇的东西。通过实物展览的方法，学生对相关专业建立了一定的感性认识，对于激发大家的学习兴趣和热情起到了良好效果。

南京航专学校全景

在分配专业时，石屏被分到了飞机制造专业，他为实现了志愿而高兴，学习热情更高了。

新中国成立前，我国高等院校的教材或自编，或从西方引进。1951—1952 年，我国航空院校发展很快，新编教材涉及很多需要解决的问题。当时，向苏联学习是国家的要求，因此，南航聘请苏联专家，使用苏联教材。不少苏联专家来到学校，帮助学校开展教学工作。同时，学校的基本建设进展也很迅速，各专科的教学楼及图书馆、实验室、学生和教师宿舍等都分别建成，大大改善了教学环境。

经过几年的建设，国家国民经济恢复时期基本结束，开始了第一个五年计划的建设。新中国成立才 3 年，展开全面的社会建设，百废待兴，需要很多青年参加各行各业的工作，有志于航空事业的学生，朝气蓬勃，满怀信心地投入到学习热潮中。

选择专业以后，便开始分班，飞机制造专业有 4 个班，石屏在第三班。当时，石屏担任了这个班的团支部书记。然后，开始了紧张的学习。学校推行苏联的“五时一贯”制，上午连续上 5 节课，时间太长，同学们经常会饿，学校会在中间发一个馒头。因为学生来自五湖四海，石屏适时开展假日活动，促进同学间的交流。

由于学习太紧张，很多人承受不了压力，晚上会做梦、说梦话，心里非常不安，石屏也一样。为此，学校请心理学专家到学校专门讲了一堂关于梦的讲座，专家告诉同学们，做梦说梦话是正常的事情，这样，同学们才稳定了情绪。

高中时期的经历，对石屏大学期间的学习与工作产生了重要的影响。到大学后不久，他就被选为校团委委员，担任了校团委组织部副部长。做团的工作他已经有经验，毕竟是轻车熟路，不会影响学习。石屏经过一段时间的学习，不仅各方面的知识和见识得以增长和拓宽，而且在政治思想方面也愈加进步。进校后不久，石屏便写了一份真诚表达的“自传”，交给了本班来自工农速成中学的党员。党员问石屏是谁让他写的，石屏说是自己要写的。

申请入党是石屏中学时代就有的愿望。高三时，他因为要准备高考，没有参加党训班，他不知道入党申请是要先经过考核才由党组织通知写的。起初，他想入党还是带着几分荣誉感的。后来，党支部根据他的情况派了两名党员和他联系，他们真诚的态度和友情的关怀感动了石屏。他们指出，石屏在同学中给人一种自大的感觉，并分析也许是从中学里带来的。当时，吴运铎著的《把一切献给党》是大众读物，影响很好，这本书深深激励着石屏，使他从对小说和电影中的英雄人物的崇拜回到了活生生的吴运铎身上。学习吴运铎为了工作忘我的事迹：他多次负重伤，却坚持为部队制造枪支武器，人们称他是中国的保尔·柯察金。石屏认为，吴运铎是新时代的楷模，他看这本书，不断对照思考。石屏下定决心，学习吴运铎，把一切献给党。

当时，成立不久的南京航专还没有成立党委，只有一个党总支，全校2000多名师生员工中，只有130名党员，且大部分是干部党员和军人党员，学生党员少之又少。而学校党员的发展工作在学生中还没有展开，对发展学生党员非常慎重，一般是经过组织考察后，认为哪个学生可以发展为党员，再找其谈话，并通知他写入党申请书，而且这主要是在第一届军人学生中推行，在刚进校的新生中还从来没有进行过。

收到石屏的入党申请书，三专科党支部非常重视，这是三专科新学员中的第一份，也是全校新学员中第一份主动递交的入党申请书。石屏能主动递交入党申请书，表达他对党的热爱和加入党组织的心愿，这种觉悟和真诚是难能可贵的。

1954年6月，南京发大水，南京航专组织学生去防洪，石屏积极要求参加，随后，学校组织老师和学生到了堤坝，同学们挖土、挑土、堵缺口，大堤上场面很壮观。这些学生平日里多是干脑力活，现在却要干体力活，身体多少有点吃不消，没多久，石屏便感觉全身酸软。但大家很乐观，累了，就坐在铁锹上休息一下，有人索性坐在泥潭里，兴起时，大家还会唱唱歌鼓舞士气。

那天晚上，石屏一夜没睡，他很紧张，不敢睡，随时准备听候命令，一旦堤坝出现险情，便要赶紧填土。尽管很累，但石屏跟大家的心情是一样的，认为这是一件很有意义的事情，因此，应该做到最好。

防汛回来后，一个星期天的下午，三专科的支部大会在教室里举行。到会的有二十几个人，有几名第二届的来自速成中学的调干党员，其他都是第一届的军人学生党员。石屏怀着喜悦与激动的心情，宣读了自己的入党申请书。

到了党员发表意见阶段，这些参加过革命的老党员非常严肃认真地提出问题，诸如你说你对党忠诚，没有经历过考验，你怎么体现你的忠诚？面对这些苛刻的问题，石屏顿时脸红了，他没想过这些问题，也不知道该如何回答。会上，还有人对石屏提出了意见，认为他工作中有骄傲自满情绪，有听不得不同意见等倾向。

石屏有些坐不住了，浑身发热。这几年，石屏走得很顺，平常听到的大多是表扬与赞美，像今天这样接受质问与批评还是第一次，他知道，同志们的话都是善意和负责任的。但仔细想一想，平时一些不太在意的举动，暴露了自己骄傲和过分自信的心态。入党，就意味着要以更高的标准来要求自己，必须时时刻刻严格要求自己，检查自己。

这次会议，虽然以全票通过了石屏加入党组织，但他却没有沉浸于喜悦之中。相反，他认识到，入党就意味着一种更为严格的自我约束，意味着一种更加强烈的责任感。这次会议对石屏来说，不仅是他政治生命的一个转折点，也是他精神思想上的一次洗礼，给他留下了极为深刻的印象。他每次回忆起这些都会说："这是我参加的终身难忘的一次党支部会议。"

20 岁的石屏，在入学不到一年的时间里，就成为南航三专科第一名新发展的学生党员，也是全校最年轻的学生党员。但这道光环并没有让他自满，而是成了鼓励他继续追求进步的压力和动力。

南京的风景和名胜古迹是很多的，但平时功课多，每天过的是三点一线的生活，周末也要做当天的习题。班上同学来自祖国的东南西北，个性不同，共同的理想把他们团结在一起。每到节日或假期，他们都去那些风景秀丽的地方集会，有的唱歌，有的逗笑。石屏记得有一次参加钳工实习，辅导员给每位同学发了一个榔头、一把錾子和一块钢板，要大家把钢板一条一条錾下来。有的女同学弄得手指鲜血直流，很不好意思。结果大家全部伸出左手，没有不破皮流血的，大家哄堂大笑，没有人叫苦，没有人流泪。啊！这就是理想的力量。

中学时代，石屏由于参加活动多，经常缺课，他习惯了自学，这就养成了"打破砂锅问到底"的习惯，他从不刻意为了考试而考试，要是有了问题，就是放下考试准备，也要弄明白这个问题。这样的学习方法在课目少、难度不是很大的中学时期顺利过去了。可到了南航，课程多、学习内容多，每周 40 课时，而且，上课前 10 多分钟，老师会对学生抽问上节课所讲的内容，并当

南京航专图书馆

场打分，而这个分数对学生一个学期的总成绩起主导作用，对此，石屏很不适应。

有一次，上课时老师讲的内容有一点没有弄明白，他当场就翻讲义，老师便指着石屏说：“有问题课后研究，先好好听课。”不久，这位老师便找到石屏探讨学习方法的问题，他给石屏分析说：“学习肯往深处钻研是很好的，但现在课程重、进度快，这是学校的要求，也是国家航空建设的紧迫需求，你不能落伍，知道吗？牛有一种本领，那就是对食物有着很强的反刍能力，它能一次吃进很多草，然后在肚子里慢慢‘消化’，充分吸收养分。在学习方法上，你可以学学牛的这个方法，要知道，吸收知识有个积累消化的时间，尤其要在实践中反复理解体会。”一席话使石屏茅塞顿开，在以后的学习中，石屏注意调配好时间，分清主次，很快，他的学习成绩就上去了，还被评为“三好”学生。而老师的那席话，石屏一直在心中记念着。

学习中，石屏不喜欢按部就班，而是喜欢探索新的设计思路和理念。一次，老师布置了一道机翼设计的题目，同学们都是用一种材料设计机翼翼梁，但石屏想起他曾经见过国外有飞机在机翼翼梁根部同时用了 2 种材料，于是，他也想试着设计这样的机翼翼梁。指导老师提醒石屏，说他的设计把问题弄复杂了，如果按他这样设计，两种材料叠在一起，应力计算中就必须考虑不同材料的弹性模量。石屏坚持自己的设计，按刚度分配计算应力，完成了这个课题。最终，这项设计也得到了老师的认同。虽然他交作业比较晚，但感到很满足。

有一次，学校组织学生到工厂进行短期实习，石屏被分到南昌洪都集团。到了南昌，石屏觉得很新鲜。当时不少工种还是手工操作，石屏在生产车间，看到工人师傅的手艺非常娴熟，他很佩服。有一次，他看见一位苏联专家在车间里亲自焊接零件，为工人做示范，这给了石屏很大的触动，在他头脑中形成了一种印象：原来技术人员也要动手操作。这也是石屏以后在工作中非常重视实践的原因。

毕业前夕，飞机制造专科 4 个班分别到南昌、沈阳、哈尔滨等地的工厂进行毕业设计。石屏所在的班分配到洪都，当时在南昌的还有一个班。两个班组成了一个临时党支部、一个团支部，石屏任团支部书记。这个时候，学校对于学生的毕业设计没有标准，同学们各行其是。同时，有同学私下谈恋爱，同学们的情绪比较复杂，思想工作比较难做。

学校实习领队每个星期都要进行一次汇报分析会，每次都是讨论上述两个问题。反复几次，石屏便觉得烦了，其他同学也有同感。于是，他向领队提出意见：有了思想问题，为什么不当面做同学的工作，为什么总要在背后讨论来讨论去？没过多久，系里来了一名干部，到南昌检查工作，开会时批评石屏有自由主义倾向，影响团结。对于领导的批评，石屏没有什么意见。但会上几名党员也对石屏提出了意见，这个时候石屏就有点情绪了，因为这些人原本是跟石屏的想法一致的，加上石屏觉得自己并没有错，不应该受到这种待遇。

回校以后，马上要分配了。这位干部又单独找了几个人谈话。他说，马上要毕业了，分配过程中党员要做好思想工作，他问石屏有什么意见，石屏随口就说："没有意见，有意见我就会'直冲'了。""直冲"是苏州话，是石屏从一个同学那里学来的，意思是直截了当。这位干部一听石屏这样回答，便说："呀！直冲？什么直冲？有意见不好好谈，还要直接冲锋？！"石屏这才意识到，自己说的话惹恼了这位干部。在那个年代，话是不能随便乱说的，本来石屏是无心说的话，却被误解了。

虽然后来支部书记安慰石屏说："科里对你没有成见，还是信任你的。科里有 10 个人分到科研单位，你还是其中之一。"但这件事给石屏很深的印象，以前石屏说话办事非常爽快，但从上述两件事以后，他说话便开始变得谨慎起来。这年秋天，有 10 人分别分配到南昌、北京、沈阳、哈尔滨。后来，他们中 8 人调到沈阳第一飞机设计室，而石屏和朱槐安被洪都留下筹建工艺实验室。

石屏到洪都进行毕业设计的时候，洪都正在制造雅克 –18，当时，机翼前缘蒙皮鼓动是一个关键。

指导老师陈国干给石屏的题目是《雅克 –18 机翼前缘装配》，石屏非常高兴地接受了这个任务，陈老师给石屏这个题目的目的是让石屏解决机翼前缘的蒙皮鼓动问题。石屏经过研究，想用加温铆接的办法，但这种办法工厂曾试验过，工艺复杂，没有成功。后来，石屏发现只要在鼓动处铆接一段小型材，就能解决这个问题。石屏的这个毕业设计最终得了满分 5 分。几年后，石屏到洪都参加工作，初教 6 飞机也遇到了同样的问题，石屏发现，他们也是用这个办法解决的。

1956 年，石屏毕业，被分配到洪都，迈进了航空工业的大门。实现了少时的愿望，初圆了他的蓝天梦。

1956 年，石屏（第 3 排右 5）所在的南航 3303 班毕业照

第四章

初圆蓝天梦

1956年的金秋时节，石屏大学毕业，告别了南京，踏上了红土地，来到了南昌。

江西省会南昌，地处“襟三江而带五湖，控蛮荆而引瓯越”的中心位置，是中原通往南粤的枢纽重镇，因而自古繁华。

始建于唐永辉4年(公元653年)的江南名楼滕王阁，临江屹立、瑰伟绝特，是城里的佳景胜地。更有初唐四杰之一的才子王勃，在滕王阁上写下了脍炙人口的千古绝唱“滕王阁序”，为滕王阁增辉添彩，自此，人以阁名，阁以人名的滕王阁蜚声海外，长盛不衰。而“物华天宝”“人杰地灵”“落霞与孤鹜齐飞、秋水共长天一色”的人文与自然景致的相互辉映，更让南昌披上了内涵丰富、钟灵毓秀的美丽色彩。

1927年8月1日凌晨，南昌城枪声骤起，震惊世界的八一南昌起义，向国民党反动派打响了第一枪，人民军队的第一面军旗在南昌城头高高飘扬，从而诞生了伟大的中国人民解放军。“南昌起义诞新军，喜庆工农始有兵。革命大旗握在手，终归胜利属人民。”这是当年起义主要指挥者之一的朱德同志，为纪念八一建军节写的诗。八一南昌起义使南昌又成为一座极具英雄本色、闻名世界的英雄城。

而鲜为人知的是，1936年南昌就有中国与意大利合资建立的飞机制造厂（后改为第二飞机制造厂），国民党航空委员会还在此设立

滕王阁

了航空机械学校，专门培养空军机务人员，首任校长是钱昌祚，教育长是清华大学教授王士倬。这个学校虽然在南昌只办了一年多，由于日军轰炸被迫西迁，但也从中走出黄志千、徐昌裕、昝凌、梁守槃、熊焰、张开畎、许明修、周鹤龄和油江等一批搞航空的专业人才。当年他们都是具有进步思想的爱国青年，不满国民党的统治，毕业后纷纷辗转赴延安和其他解放区，这些同志在新中国的航空工业建设中发挥了专长，成为重要的领导和骨干，为新中国的航空事业做出了巨大贡献。

抗战初期，南昌还是全国抗日的一个重要空军基地，当时全国有作战能力的250架飞机几乎都聚集在这里，后来根据作战需要，部分飞机调往周家口、南京、扬州等地，但南昌仍有80余架飞机，这些飞机不断升空，飞临日军占领区，轰炸其机场和军舰。1938年2月初，基地起飞9架轰炸机、8架战斗机奔袭杭州的日军军用机场，炸毁日机30余架。特别是苏联空军援华志愿队来到南昌后，大大加强了我空军作战能力，经常升空与日机对抗，并主动出击。1938年2月23日，基地起飞9架轰炸机，远奔中国台湾袭击台北松山机场，炸毁正在组装的日机40架，烧掉日军3年的油料储备，一时大快人心。25日上午，日机40余架分批次到南昌进行报复，基地大编队升空迎战，又取得击落敌机3架、击伤5架的战果，令日军大惊失色。抗战初期，南昌作为全国重要的空军和飞机修理基地之一，也做出了不小的贡献。

后来，由于抗战失利，南昌告急。无奈之下，基地的飞机被迫转场武汉，致使日空军又在南昌上空横行，甚至出现日军飞机直接降落在基地机场，用机枪水平扫射，把机场设施打得起火后才扬长而去的嚣张场景。1939年3月27日，南昌陷落于日军之手。此后国民党南昌空军基地就一蹶不振、风光不再。

随着新中国的诞生，国家开始了大规模的经济建设和国防建设。南昌也步入了快速发展时期，各种工厂、企业纷纷建立，坐落在城市南郊占地 5 千米^2 的国家首批大型航空工厂——洪都集团就是其中之一。石屏正是分配到这个厂工作。

洪都始建于 1951 年 4 月，当时抗美援朝战争进行得异常激烈，我国刚刚成立的空军，在战场上经受着巨大的考验，人民空军急需大量飞机和飞机修理厂的支持。在此背景下，中央人民政府革命军事委员会和政务院颁发了《关于航空工业建设的决定》。这个决定规划了建国初期航空工业建设的方针、原则和步骤，同时明确指出，航空工业建设在当前阶段的任务是全力保证中国空军所有飞机的修理，尔后再向制造方向发展……其后，指令将空军原来所辖的工厂和全部人员、设备等，移交给政务院重工业部所属的航空工业局。随即，航空工业局根据全国的部署指示南京某厂迁往南昌，组建新厂。得知这一消息，时任江西省人民政府的邵式平主席，在工厂领导到达南昌的当晚就亲自接见了他们，并高兴地说："江西是老革命根据地，南昌又是八一起义的地方，武装夺取政权的第一枪在南昌打响，新中国自己制造的第一架飞机也要出在南昌。"还诚恳地表示："你们要人给人，要物给物。""成立建厂委员会，我当主任，前台是你们，后台是我。"这给当时艰苦建厂的职工以极大的鼓舞。

新厂虽说是建在国民党第二飞机制造厂和航空研究院的基础上，但由于国民党临走前的清产破坏，加上长时间闲置不用，已经是破败不堪，杂草丛生，一片荒凉了，甚至连喝的水、用的电都没有，可以说是一片废墟。

但在航空工业局的正确领导下，在省市地方政府的全力支持下，全厂职工以苦为荣，齐心协力，一面建厂，一面生产，很快形成了一定的修理能力。1951 年 10 月 1 日，开工修理第一架飞机，到年底共修好 38 架雅克 –18 飞机，其中交付部队 19 架，这在洪都建厂初期，条件设备非常简陋的情况下，不能不说是巨大的成绩。

解放初期洪都的厂貌

1954 年 4 月 8 日，是洪都一个具有里程碑意义的日子。这天全厂开始了自己试制新中国第一架飞机的工作，这一天意味着洪都的角色从修理厂转变为自行研制飞机的航空企业。经过紧张的生产、试飞，7 月 20 日，国家试飞委员会做出鉴定结论："该厂制造的 02 号雅克 –18 型飞机性能符合苏联资料及技术条件要求，可作为空军航校教练机之用，并可以进行成批生产。"自此，新中国自己制造的第一架飞机诞生了，它的制造成功标志着新中国航空工业有了一个良好的开端。1954 年 8 月 1 日，毛主席给洪都全体职工发了嘉勉信。

石屏来到洪都时，工厂作为第一个国民经济五年计划中苏联援建的全国 156 个重点项目之一，经过 5 年的建设，已经初具规模，不仅修理了大量飞机，还成功试制了新中国第一架飞机，全厂呈现出一片朝气蓬勃的景象。

一进洪都，石屏便急切地等待着，他想知道自己会被分配到哪个部门，会从事什么样的工作。这种热切的期望，是一名大学毕业生走向社会时角色转变的最真实写照。

没几天，石屏便被分配到工艺实验室。当时，工艺实验室还没

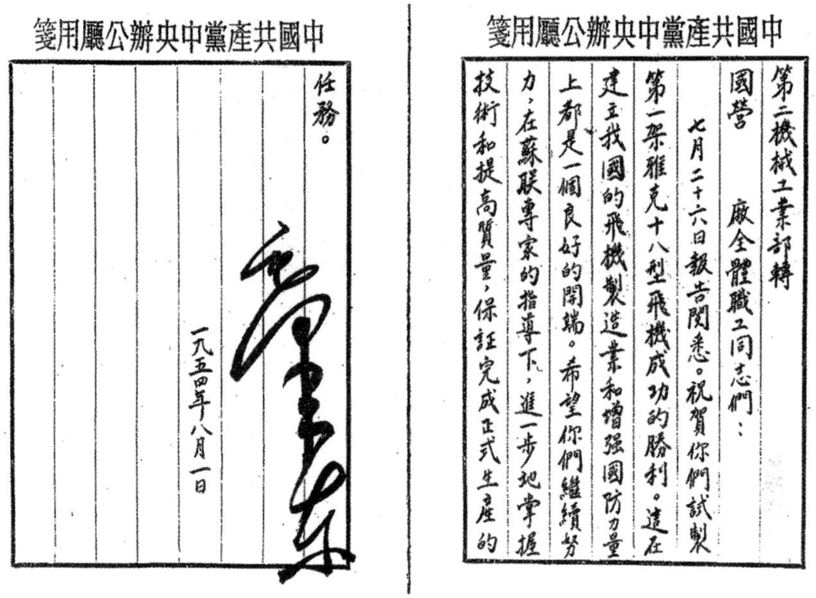

中國共產黨中央辦公廳用箋

第二機械工業部轉
國營　廠全體職工同志們：

七月二十六日報告閱悉。祝賀你們試製第一架雅克十八型飛機成功的勝利。這在建立我國的飛機製造業和增强國防力量上都是一個良好的開端。希望你們繼續努力，在蘇联專家的指導下，進一步地掌握技術和提高質量，保証完成正式生產的

中國共產黨中央辦公廳用箋

任務。

毛泽东

一九五四年八月一日

毛泽东主席为新中国第一架飞机签发嘉勉信

有建成，处于筹建阶段。石屏还参与丈量厂房面积，画厂房布置图。经过半年的筹建，工艺实验室的框架便搭起来了。工艺实验室是根据苏联专家的意见设立的一个新单位，也是一个重要的生产环节，当时在全国的航空工厂中洪都是第一家设立工艺实验室的工厂。实验室的负责人是工程师匡映东，还有另外两名新大学生，一共4个

新中国第一架飞机制造成功庆祝大会

新中国第一架飞机——初教5

人。尽管对大家来说，这是一项新的工作，没有什么经验，并且与飞机设计没有直接联系，但石屏还是跟着老师和同事们一起刻苦钻研、摸索。

实验室人员逐渐增加了，于是分成两个研究组，石屏在钣金装配工艺组。随后，石屏便开始选择研究课题，他做的第一个课题是铝合金加温深压延，这个课题石屏是参照国外杂志上的原理介绍而开题的。

当时，一个普通的铝合金筒形件需要3套模子压成。石屏想通过加温深压延的办法，做到一次成形，减少工作量。由于模子构造非常复杂，加温深压延的阳模与固定阳模的底座之间要密封，不能漏水，石屏花了不少心思画图，直到他认为满意后才确定图样。石屏满怀期待地将这个模子图样放到试验工段加工。一个钳工老师傅看了石屏的图样，摇着头，严肃地说："你还是大学生！这种东西能做出来吗？"石屏以为老师傅指的是精度问题，他解释说："我已经注明了公差。"这位老师傅说："你根本没弄明白，你这是两个淬火钢锥度配合，正是因为有了公差，才会漏水。"

听了老师傅的话，顿时，石屏面红耳赤，感到很惭愧。年轻的石屏一时也没了主意，他问老师傅该怎么办，老师傅说："我只好用研磨的办法帮你解决这个问题。”研磨是非常花时间的，石屏问：“那要多长时间呢？”老师傅说：“至少要两个星期。”最后，老师傅帮助石屏解决了这个问题。

尽管后来这个课题受到江西省重工业厅的重视，专门编进小册子，作为新技术在全省展览，但只要一想起这件事，石屏便觉得惭愧。这件事也让石屏终生难忘，至今那位老师傅“训”他的样子仍然历历在目，让石屏难忘，让石屏感激，因为他，石屏认识到向实践学习，向工人学习是多么重要呀！这也成为石屏以后对质量特别重视，对工作特别严格的原因。

1958 年初，工厂在仿制成功安 –2 多用途轻型运输机后，又开始初教 1（后改称“红专”502，1964 年正式命名为初教 6）的试制任务。初教 6 是由沈阳第一飞机设计室设计的初级教练机，由航空工业局统一部署后，确定由洪都进行后续的详细设计及试制任务。洪都刚刚经过了从修理到仿制的转变，又要迈出自行设计制造飞机的步伐，因而对新机研制十分重视。随后，成立了由副总工程师冯旭、设计室主任高镇宁、副生产长刁长庆组成的研制领导小组，在总工程师苏敏的统一领导下，具体开展新机研制的日常工作，同时，还专门成立了初教 6 试造车间。

“红专”502 型教练机初步设计方案木质模型

新机研制进入到紧锣密鼓的实施阶段时，设计室急需扩充技术人员，年轻好学、肯钻研的石屏很快就调进了设计室强度组。初教6的试制在“大跃进”年代，是工厂第一个激动人心的任务，全厂上下都为之兴奋。能调进设计室，对石屏来说无疑是件很开心的事情，因为石屏离自己心中的目标又前进了一步。尽管这个时候初教6的设计工作已经接近尾声，但石屏仍如鱼儿得水般一头扎进了工作中。

在繁忙的工作之际，石屏还接受了一个重要而又特别的任务——高镇宁主任让他给冯安国厂长上物理课。冯安国厂长是1939年就入党的老革命，1949年南下担任江西省九江市市长兼市委书记，1952年，他作为地方优秀干部，受省政府邵式平主席委派到洪都支援建设。冯安国是一个有着大将风度，办事能力很强，深受职工喜爱的厂长。在党中央提出向科学文化进军的号召下，全国上下都投入到学习高潮中，洪都同样如此，工人技术业余学校、夜校和业余大学纷纷建立。工作非常繁忙的冯厂长也不甘落后，给自己定下了补习功课的任务。进厂不到两年，还是一个毛头小伙的石屏在许多老师和技术人员面前还嫩得很，突然要给大厂长上课，心里不免有些发紧。

没想到，初次见面时，冯厂长就笑着说：“今后，你就是我的老师，你可要认真教教我这个学生呀！”冯厂长给石屏的第一印象便是平易近人、谦虚好学，这一下子抹去了石屏心中的紧张。他认真为冯厂长写了个授课计划，去书店挑选了一部物理教材，并仔仔细细地备好课，按时给冯厂长上课。为了把一些抽象的概念讲得生动形象些，石屏还动脑筋、想办法做些教具，如讲到力学杠杆原理时，他就带把剪刀做示范，这样的教学方法令冯厂长非常满意。而冯厂长的谦虚好学，也给了石屏启发，且终生受益。每次上课时，冯厂长已经在家里做好了准备工作，等着石屏，天天如此。这一教就是3个月。

1958 年 6 月初，沈阳第一飞机设计室屠基达、林家骅一行 20 余人，带着方案和有关资料到达洪都，支援刚成立不久的航空工业第二飞机设计室（也叫轻型飞机设计室，现为洪都飞机设计研究所），就此，初教 6 的详细设计与试制也铺开了。由洪都设计室主任高镇宁任主管设计师，屠基达，林家骅两人任副主管设计师，分别主管结构和系统。6~8 月，正是有火炉之称的南昌热气炙人的季节，设计室有如蒸笼一般，但设计人员挥汗如雨，忘我苦干，一个多月就发出了全部设计图样，而试制车间也日夜加班，齐心协力大干快上。原型机在短短 72 天就飞上了天，给全厂职工很大的鼓舞。

“红专”502 型教练机试飞前检查

值得提出的是，当时航空工业局副局长徐昌裕，在屠基达来洪都前就叮嘱他说：“这次去，不仅要共同合作把初教 6 搞出来，更重要的是帮助洪都带出一支队伍来，自行设计只靠沈飞一个点是不够的。”这是领导从全局出发的布置和考虑，是极具远见卓识的。时年 30 岁出头的屠基达等一行人欣然受命，到达洪都后，言传身教，身体力行。这期间，沈阳第一飞机设计室的徐舜寿主任和叶正大副主任也先后来到洪都指导，这对年轻的洪都设计室来说，是一个巨大的帮助和支持。

初教6的设计、试制给所里年轻人提供了一个极好的学习、实践机会。他们不仅学到了老设计师们传授的知识，也亲身感受到老一辈航空人为新中国的航空事业团结协作、肯吃苦、能拼搏的精神，体验到了大家不甘落后、自强不息的工作氛围。正如航空专家、工程院院士屠基达在《自行设计初教6飞机》一文中回忆："初教6原型机的研制很有特点，不仅速度快，更令人感动的是，人们似乎都溶化在一起了，如设计与工艺，技术人员与工人，领导和群众，沈飞的设计人员和洪都的设计人员等。总之，凡参与研制的人们之间，关系密切，相互支持，遇事商量着办，没有扯皮，没有门户之见和'版权'之争，出了事故，也没有互相埋怨，正如我们最老的设计师之一林梦鹤同志所说的那样，'虽然非常紧张，但这是我参加研制机种中，心情最愉快的一次。'这大概代表了很多当事人的心情。"

往后的事实证明，初教6飞机不仅是洪都集团，也是中国成功自行设计制造，并大量装备空、海军使用的第一个机种，标志着洪都已经从修理、仿制开始发展到自行设计的新阶段，对培养部队飞行员，加强国防建设起到了重大作用。而从更重要、更长远的意义来看，它培养和造就了一批新的飞机设计和工程技术人员，大大增强了工厂的发展后劲。

在这批年轻的设计人员里，石屏是佼佼者之一，当时，石屏参与了初教6飞机发动机安装的强度计算工作。他对航空事业热情，执着；他精力充沛，总有使不完的劲；他对工作专注、投入、严格，为了一个疑问或不确定的数据会反复计算论证，直到弄清为止；他

初教6大量装备部队

不浮躁，沉得下心，耐得住寂寞；他善于学习，勤于思考，对设计中出现的问题，总喜欢问这问那；他思想单纯，待人随和，除了工作和学习，生活上要求很简单，甚至有些太过马虎……这些飞机设计师必须具备的品质和职业精神，在参加初教6设计的过程中，他都在自己的行动中不断展现出来，得到前辈和同事的肯定，也引起了工厂和设计室领导的关注和重视。

1958年3月，空军司令员刘亚楼向航空工业局提出，空军急需一种较先进的强击机。沈阳第一飞机设计室据此开始搜集资料，进行研究，拟定了超声速喷气式强击机（即强5）的设想和方案。8月12日，航空工业局向洪都发出“苦战三年，将洪都改变为喷气式飞机制造厂”的指示，要求洪都设计并试制新的喷气式强击机。这对正在紧张自行设计制造螺旋桨飞机——初教6的洪都来说，又是一个激动人心的好消息。

洪都在建厂之初被定位为5000人的教练机厂，然而，强5落户洪都，使洪都从研制螺旋桨飞机跨入到研制喷气式飞机的行列之中，这是一个质的飞跃。对设计人员来说，更是一个全新的课题。为了支持新的型号研制，设计室引进了大批年轻的设计员，同时，洪都从上海紧急调集了大批知青，培养工人队伍，强5的上马使洪都的规模迅速扩大。

航空工业局将沈阳第一飞机设计室的陆孝彭调到洪都担任强击机的主管设计师。陆孝彭认为：“我们是搞螺旋桨教练机的，要搞喷气式强击机，跨度太大，应该在米格-19的基础上改。”于是，根据他的建议，报局里批准，工厂又开始米格-19的仿制工作。作为“先行部队”的设计室，在初教6原型机顺利飞上蓝天后，又调集大部分力量去熟悉、消化米格-19的图样资料，要求设计人员摸透，吃透，做到知其然，也要知其所以然。

不久，便开始了强5飞机的设计，设计人员干劲很大，连续作战，苦干2个月，就发出了部分图样，与此同时，部分生产准备工作和零部件制造也展开了。这时正处在“大跃进”的年代，上上下下热气腾腾，层层加压。这样，形势逼人，人逼生产，出现了浮夸风。加上工厂过去几年仿制工作比较顺利，形成了一股仿制思潮，大部分人对自行设计喷气式飞机的复杂性、艰巨性和长期性没有思想认识，而是认为只要把图样画出来，就可以试制，飞机就能上天。全厂上下都提出了“奋战一年，飞机上天，向国庆十周年献礼”等一些不切实际的口号。

这个时候，石屏在强度组负责强5机身机翼对接接头、对接框、机身中部壁板以及航炮的强度计算。计算的工作量很大，每天加班。由于机身中部的切面经常更改，强度计算也要相应地跟上，更换一次切面，就要重新计算一次，有的甚至要计算10多次。

“外行看热闹，内行看门道。”飞机设计，一般人看来似乎是件浪漫而又有趣的事，但实际上，具体的设计过程非常严格细致，有些甚至刻板单调。而强度计算这项工作就是成天与一部手摇计算机(全室共用)、一把计算尺、一个算盘(做加减法)打交道。成千上万的数据需要反复计算，要核实。一旦有差错，就算是一个小小的差错，往往前面的工作都会白做。一天下来，桌上就会堆上一沓厚厚的计算稿纸，而真正有用的，或许只是几页纸，几个数据，这项工作对人的意志和耐心不能不说是一个很大的考验。采访中，石屏深有体会地说:“搞过强度的人，做任何事情都会认真对待数据。”

在工作之余，为了在设计室普及强度知识，根据领导的要求，石屏依靠强度组的人力和资源，创办了《强度通讯》，他和强度组的成员编辑稿件，并翻译国外强度知识方面的文章，在刊物上发表，收到了一定的效果。

随着时间的推移，强 5 的设计工作暴露出大量问题。前面讲过，为了强 5 的设计研制，洪都新招了大批设计员，当时，这批设计员平均年龄只有 22 岁，绝大多数都是第一次参加飞机设计工作。由于缺乏经验，技术难度大，强 5 设计进展比较慢。在这种情况下，上级部门让徐舜寿陪同苏联米高扬设计局副总设计师谢米尔诺夫到洪都，帮助审查强 5 的设计图样。谢米尔诺夫非常认真，他站着看了两个星期的图样，看完后，这位老人语重心长地说："我不放心，我睡不着觉呀！"针对强 5 设计中机翼和机身连接的方式，他提出建议，改用米格 –19 的"元宝"式接头。其实，当时洪都不是不知道要采用这种方法，但由于国内没有万吨水压机，现有工艺水平做不出这样的接头，必须到国外采购。后来，又发现发动机的安装有问题，强 5 的设计工作不得不暂停。

经过一段时间的总结与梳理，洪都决定对强 5 重新进行发图。

1959 年 9 月的一天，设计室主任高镇宁把石屏叫到办公室谈话，开门见山地对他说："我想调你到总体组担任组长。"语气不容置疑。这个时候的石屏，到设计室工作只有一年时间，连副组长也没当过，到总体组任组长，这无疑是一个巨大的挑战，石屏面显难色。高镇宁似乎看出了他的心思，和气地说："大胆去干吧！年轻人得有闯劲，我看你能行！"

高镇宁主任是石屏非常敬重的一位领导，他技术全面，经验丰富，有很强的组织领导能力，重视培养和发展新人，又注意发挥老同志的传帮带作用。他待人和气、热情又没有架子，深得人心，带出了一支作风过硬、能征善战的设计队伍，为洪都从建厂初期修理、仿制，再到自行设计飞机的跨越式发展做出了很大贡献，也为后来洪都飞机设计所的建立打下了良好的基础。后来他调到航空工业部担任领导，之后又担任国家科协副主席和党组书记。

在强 5 重新进行发图的时候，石屏调入总体组。身为组长的他，不仅要迅速熟悉业务，还要协调并带领全组完成任务，身上的担子更重了。

强5飞机要重新进行外形定线，石屏带领全组的人到模线室画1∶1的理论外形。当时没有计算机，只有一个手摇计算机，设计人员要将理论数据一个一个画在模线台上，用透明胶条连成一条线。这个工作特别繁琐，经常要返工，工作量很大。1960年元旦，石屏和组员们仍然工作在现场。当天晚上，领导到现场看望慰问大家，并鼓舞士气，石屏和组里人员的情绪也很高。这些年轻人聚在一起，以苦为乐，大家一边工作，一边聊着家乡的事情，兴起时，还会一起唱唱歌，鼓把劲。

进入总体组，石屏与主管设计师陆孝彭的接触更多了，关系更近了，这让他很高兴。陆孝彭是中国著名的航空专家，1941年毕业于中央大学航空工程系，1944年，陆孝彭和徐舜寿、高永寿、虞光裕等到美国麦克唐纳飞机工厂实习，1946年，他又被派到英国格洛斯特飞机公司继续实习。1949年，时年29岁的他放弃国外优越的生活条件，回到祖国，立即投入到新中国的航空事业中，一直活跃在飞机设计战线的最前沿，是一位具有丰富飞机设计理论知识，而且经历过飞机设计的专家。

当时，洪都飞机设计室只有陆总一个人设计过飞机，有经验，因此，各个系统、各个专业有了问题，都会向陆总请教。能师从这样的老师，石屏认为是一种幸运。陆孝彭也逐渐熟悉了这位做事仔细、干练、好学的青年，并将许多工作交给他做。石屏总是认认真真、仔仔细细地做好每一件事，让陆总放心。这种交往，不仅让石屏学到了许多飞机设计理论和实际技能，也学到了陆总热爱祖国、倾心航空、专注事业的优秀品格。陆总习惯站着看图样，思考问题，一上班他就入神地站在图样前，全神贯注，经常一站就是一天，听取汇报也是如此。他对工作非常认真，一旦发现问题，决不放过，一定要设计人员讲清楚，这种对待工作的态度给石屏留下了极为深刻的印象，也对石屏的工作产生了巨大的影响。直到今天，石屏总会动情地说："一个高镇宁主任，一个陆总，他们成为我进行飞机设计和管理的楷模，他们使我终生受益。"

此时的洪都正处在一个繁荣时期，不仅生产蒸蒸日上，职工的物质生活和文化生活也很不错。相对省、市的其他工厂来说，职工工资高，生活环境好，在全省可说是一流水平。生活区里有崭新、整齐的家属楼，单身职工楼，有学校、医院、食堂、新华书店，还有足球场、灯光球场、电影院、俱乐部、图书馆等，一应俱全，犹如一个繁华的小城镇。

洪都现在的生活区

厂里的足球、篮球、乒乓球等运动非常活跃，水平也很高，经常到省里去比赛，甚至参加国家级比赛。厂里还成立了"海燕"文工团，下设歌舞团、民乐队、话剧团、越剧团、京剧团等，其水平也相当高，也经常参加省、市和全国的文艺汇演。每到晚上和周末，生活区里又是放电影，又是开舞会，还有排练、训练及各种演出、比赛……文化体育生活比南昌市里还丰富多彩，吸引着厂里大批职工，特别是年轻职工，在社会上产生了巨大的影响。当时南昌流传着一句民谚："听到洪都，跑都跑不赢。"足见其吸引力、影响力之大。

正值青春年华的石屏，却不被这些热闹所动，满脑子仍是工作、学习。参加工作后，石屏越来越深刻地体会到课本知识与实践工作结合的重要性，也意识到自己学的东西太少，因此，总是抓紧时间学习。石屏给自己制定了一套严格的自学计划。为了打下扎实的基础，他专门买了数学习题集来"啃"，有空就做习题。当时大部分技术资料是俄文，他又坚持每天学习俄语，同时，还自学了空气动力学、结构强度等专业知识。

石屏几乎将全部的业余时间都用在了学习上，相比外面热闹、轻松的业余文化生活，他将自己约束在清淡与寂寞之中。但他的内心世界却是丰富的，他心中有一个早已坚定的目标，就是学好本领，能自己亲自参加飞机设计工作，为祖国的航空工业做出自己的贡献，这种强烈的愿望，使他全身充溢着青春的热情和旺盛的精力，成为驱动他工作和学习的不竭动力。他心系蓝天，却不沉湎于幻想。他知道，要实现和达到这一人生目标，必须心无旁骛、踏踏实实地行动。这种行动，庄严有如人生大厦的根基，决定了他今后一生事业的高度。

经过近 20 个月的设计修改，强 5 逐步趋于完善。1960 年 5 月，设计室第二次发出全套图样。这次发的图全是设计室设计人员完成的，院校来协作的师生都已经撤回了。经过上级批准，试制工作恢复进行。这次修改设计发图为设计室的年轻人提供了锻炼的机会，培育了一支熟悉强 5 的设计队伍。

正当强 5 试制工作大面积铺开，逐渐进入高潮之时，由于受"机弹（飞机和导弹）之争"的影响，强 5 又面临了一次生死考验。

1957 年，苏联发射了第一颗人造卫星后，一些人提出了以后空战中飞机的作用不大，导弹可以代替飞机的论调。国内一部分人受到这种观点的影响，这种观点也影响了全国航空工业布局。其实当时影响航空工业发展的直接原因是航空企业由于受“浮夸风”的影响，一味赶进度，产品确实出了不少质量问题。1960 年 12 月，国防工业委员会召开了国防工业三级干部会议，做出全行业开展质量整风运动，重点整顿质量问题的决定，并指定初教 6 为洪都唯一的研制任务，其他新机试制要让路或暂停进行。这样，强 5 的研制工作不得不冷却下来。1961 年 7 月，国防工委北戴河会议就明确决定："自行设计的强 5 飞机是否试制，待观察半年后再定。"强 5 的试制工作再次受阻。

在这种艰难的情况下，以陆孝彭为代表的洪都职工不折不挠，凭着对国家航空事业负责的态度，多次向上级提出不能停止强 5 试制的请求。高镇宁、冯旭等技术领导也一再向工厂反映意见。最后，洪都党委在冯安国厂长的提议下决定，由工厂自行组织成立试制小组，采取见缝插针的办法，在不影响工厂任务的前提下坚持试制。就这样，强 5 线上最后只留了以陆孝彭为主的 14 人试制小组。

此后的事实证明，这一决定是非常有远见的。经过一段时间的沉寂后，强 5 在空军领导和第三机械工业部（三机部）六院的支持下，又成功上马。经历长达十几年艰难曲折的磨难，强 5 终于成为洪都集团的主打产品，不仅大量装备部队，成为中国空军的主力机种之一，还出口到许多国家，并获得了国家科技进步奖特等奖，并载入英国《简氏航空年鉴》。当然，这是几年以后的事了。

随着强 5 进入见缝插针的试制阶段，由于没有设计新飞机的任务，总体组也就解散了。其中，一部分人并入气动组，一部分管重量的人跟着石屏进入了强度组，石屏任强度组组长。当时的主要任务是：重新计算初教 6 的强度，整理强 5 的计算报告，并准备强度试验任务书。

初教 6 的进展并不顺利，一是原来选型的发动机与螺旋桨不匹配，二是后续出现的四大故障，使研制进度比较缓慢。后来，针对发动机和螺旋桨不匹配以及四大故障进行了攻关，经过3年的努力，试飞成功，1961年，洪都对初教6重新设计画图。

这期间，很多结构强度资料需要重新整理或计算，草算报告要整理成册，并要准备强度试验任务书。石屏又转入了繁忙的工作之中。对石屏来说，这种工作不是简单的重复，而是对设计思想和经验的一种全面提升和积累，这种积累为石屏后来的K–8及教8设计研制打下了坚实的基础。

经过改进的初教6是一款性能和质量优良的飞机，不仅满足了国内海军、空军的需要，还批量出口，生产了2400多架，并获得了国家颁发的质量金质奖章。

值得一提的是，1960年、1961年，初教6、强5设计试制处于紧张、关键的时候，国家遇上了天灾，农业歉收，市场副食品供应显著减少，粮食、食品定量降低，大部分生活必需品都凭证供应，而且数量很少。石屏和设计室的年轻设计人员正是身强力壮，急需营养之际，由于长期处于半饥饿状态，加上连续加班，不少人患了浮肿与肝炎病，石屏也一样，就是在这样的困境中，石屏仍和同事们坚持设计发图工作，还经常深入到车间、实验室，解决试制中的具体问题。

1962年1月5日，国务院军工产品定型委员会根据国家鉴定委员会的鉴定报告，正式批准初教6飞机定型，投入成批生产。当石屏参加工厂召开的“庆祝初教6飞机制造成功大会”时，看到空军曹里怀副司令员为飞机剪彩，看到飞机在蓝天翱翔，他开心地笑了。这种发自内心的笑容，是对自己付出的艰辛有了一份回报的喜悦。当然，石屏这时意气风发的精神状态也与一个人有关，那就是他的女朋友张雪佩。

石屏与张雪佩的相识很简单。1958 年，强 5 刚刚上马进行设计时，由于洪都的人手不够，便从南京航专调了一批师生来帮忙，这其中也有强度计算专业的。一个名叫张雪佩的女孩被安排坐在石屏对面办公，事实上，在学校的时候，石屏便见过她，那时，张雪佩刚进入大学，她们班组织了一次与高年级结对的联欢会，而这个班正是石屏所在的班。后来，石屏偶然得知，张雪佩是校舞蹈队的。

经过几个月的相处，彼此都比较熟悉了。1959 年春天，她回学校了。当然，这个时候，他们俩只是停留在相互认识的阶段，没有小说里描写鸿雁传书的情节，他们也从来没想过会有下文。

1960 年，张雪佩毕业分配到洪都安 -2 组工作，后来又被分到飞机性能组。

1961 年，石屏已经 27 岁了，却一直单身，高镇宁所长很关心。此前，他已经给石屏介绍过几次对象了，可都没有结果。一天，高镇宁又找到石屏，他在石屏面前好好地夸了张雪佩一番，石屏自然知道他的意思，在心里暗笑。高镇宁让石屏好好考虑一下。

工作一忙，加上他当时还没有做好谈朋友的思想准备，过后石屏便忘了这事。

1962 年，高镇宁又找石屏谈话，问他为什么还没有行动，石屏这才开始考虑这事。事实上，经过进一步的了解，石屏知道张雪佩的身世与自己非常相似，因此，他也开始注意她了。

石屏与张雪佩的第一次约会很简单。一天，石屏趁下班没人的时候，走到张雪佩跟前小声地说：“张雪佩，下班后我到邮局门口等你。”张雪佩也很平静地回答说：“好。”然后，他们一边散步一边谈起了各自的家庭和工作，石屏也对张雪佩有了更深的了解。

张雪佩是宁波镇海人，自幼丧父，母亲带着两个女儿做小生意，张雪佩的弟弟小时候便送给人寄养，她哥哥在上海做学徒。张雪佩跟着母亲在宁波长大，她聪明文静，性格朴实，由于成绩好，考上了南航。

由于两人都是自幼丧父，共同的身世使他们俩产生了情感的共鸣。石屏说："正因为如此，我们俩在以后几十年的相处中，在涉及到重大问题时，意见总是一致的。"

因为他俩的工作实在太忙，特别是石屏，非常迷恋工作，张雪佩似乎在恋爱之初就宽容地接受了他忙的习惯。他们俩的恋爱过程很平淡，如果说有什么浪漫，那就是在工休时一起看看书、聊聊天。对于张雪佩的为人，用石屏的话来说，就是："我心里有一个择偶的原则，就是要能共患难，能容纳我乡下的母亲。我觉得她能做到。尽管她在城市长大，但她不喜欢吃零食，不爱打扮，不爱逛街，更难能可贵的是，她心地善良，不嫌贫爱富。她知道我是个农家子弟，家里非常贫穷，还要赡养母亲，可以说是一无所有，但她仍然愿意和我在一起，这让我很感激。"

1962 年，石屏因关节炎被单位派去温泉疗养。张雪佩正好回家探亲归来，带了一罐她最爱吃的葱油饼。动身前，张雪佩找到石屏，将这罐葱油饼塞给石屏，让他带上，石屏不肯，他想让张雪佩留着自己吃。没想到，张雪佩生气了，石屏只好带上，好长时间舍不得吃。当时，正值自然灾害期间，伙食非常紧张，石屏一个月只有 26 斤①定量，又没有菜，也没有油。起初，石屏和其他同志们一样经常买酱油拌饭吃，后来，连酱油也买不到了，石屏便买来白萝卜，吃饭前先吃萝卜垫底，然后再吃饭，生活非常艰苦。但这些却没有影响他们的感情。

1962 年底，两人打算结婚了，但当时他们俩都没有房子。1963 年夏天，洪都集团分给石屏一间 10 多米^{2}的集体宿舍，两人便登记结婚，领了房子。1963 年 9 月 30 日，两人举办了结婚典礼。说是结婚典礼，其实很简单。那天，下了班，石屏与张雪佩匆匆忙忙跑回宿舍冲了个澡，然后拿出石屏从上海托人买的 5 斤高价糖，准备

① 1 斤 =0.5 千克。

迎接他们的朋友和同事，这是石屏与张雪佩结婚时唯一置办的东西。在集体宿舍里，一帮朋友为他们祝贺。他们的结婚照是很久以后，在南昌照相馆照的，只有 2 寸[①]大。就这样，简简单单结婚了。

从此，石屏与张雪佩相互关爱，风雨同舟几十年。在两人相濡以沫的日子里，他们建立了一个相互依存、幸福温馨的家，筑起了一座生活的避风港、事业的加油站。

成家后，从小就习惯了干活的石屏非常疼爱妻子，不是很忙的时候，石屏会很自觉地干一些重活，如买菜、做饭、买米及修车等。石屏烧得一手好菜，很合妻子的口味，因此做饭时，通常是妻子摘菜、洗菜，石屏掌勺儿。妻子喜欢让石屏给她修自行车，因为石屏干活细致。石屏只要去北京出差，每次都要给妻子带她喜欢吃的酥饼。

而石屏也非常感激妻子对自己事业的支持，感激她待自己的母亲和兄姐如一家人，感激她在以后几十年里，与他风雨同行，不离不弃。

1964 年 5 月，蛰伏 3 年，只能见缝插针推进的强 5，在三机部和空军领导的支持下，重新列进了部生产试制计划中，这意味着强 5 正式恢复了研制工作。几上几下的强 5，终于在夹缝中找到了生路。

初教 6、安 –2 进行生产，强 5 飞机进行试验试飞，设计室组织三条战线，工作有条不紊。为了强 5 定型和工厂的进一步发展，工厂报三机部批准，在原设计室的基础上扩展，成立了飞机设计所，充实了一批大学生，成员增加到了 200 多人，石屏仍担任强度组组长。

① 1 寸 =3.3 厘米。

但天有不测风云。正当设计所兵强马壮，意气风发，与全厂职工一起热火朝天地进行强5等多种机型的研制生产时，一股政治暗流开始涌动，并逐渐演变成一场可怕的浩劫，使全国都陷于混乱之中，也使石屏及其家人过着动荡不安，一波三折的日子。

第五章

一波三折

1964年11月初，江西省委社会主义教育工作团洪都分团进驻洪都，开始了“四清”(清政治、清经济、清组织、清思想)运动，并明确规定工厂的运动由社教分团领导。根据中央和省委对运动的要求，社教分团把工厂工、组长以上干部全部放到一边，把厂里原有的各级组织放到一边，发动群众、组织队伍，通过背靠背的揭发，贴大字报，对干部进行分类排队，确定每个干部的“问题”。

在“左”倾思想的指导下，社教分团把工厂的干部队伍看得一团黑，认为工厂的阶段斗争形势非常严峻，三番五次动员群众“揭开阶级斗争的盖子”。干部自我检查不能过关的就叫没有“下楼”，将他们“挂”起来，既不通过又不作结论，甚至调离工作岗位，下放车间劳动，造成许多干部思想混乱，队伍不稳定。

作为组长和支部委员的石屏自然不能幸免，也被贴了大字报。当时，石屏迎来了第一个小孩，由于小孩患黄疸，石屏每天晚上都要抱着小孩不停地走，才能哄着让他入睡，石屏非常疲惫。在“下楼”过程中，石屏经常会打瞌睡，引起“群众”不满。他们质问石屏说:“你是什么态度，还打瞌睡？！站起来讲。”石屏只得站着进行自我检查。

由于干部思想混乱，队伍不稳定，严重影响生产，使很多工作处于半停顿状态。哪知这仅仅是暴风雨来临前的前兆，不久，更加猛烈的风暴席卷了全国，史无前例的“文化大革命”汹涌而来。

1966年6月17日，洪都大门口贴出了“文化大革命”开始以来的第一张大字报，攻击厂党委执行所谓的资产阶级反动路线，拉开了工厂十年动乱的帷幕。围绕第一张大字报，在对待厂党委的态度上，职工中产生了两种不同观点，就是所谓的“保皇派”和“造反派”。很快厂里就出现了各式各样的群众组织，而工厂原来的各级组织遭到冲击，生产秩序完全乱了套，工厂受到严重的破坏，完全不能正常工作了。石屏起初是“保皇派”，后来什么派也不参加了，做了“逍遥派”的他，已经无事可干了。

随着“运动”的不断“深入”和“发展”，1969年初，“革命”终于革到石屏头上。不知是担任组长还是当了党支部委员的原因，他也成了黑班子成员，不仅抄了家，还要下放到车间劳动。这年5月，又将他下放农村，名义上是“支工”，实际上是扫地出门。无奈的石屏拖家带口来到下放点——高安县农机厂。

说是一个制造厂，实际上只是一个修理厂，几幢老旧昏暗的厂房，报废产品随处可见。石屏看到这一切，脑子里一片混乱与迷茫。这是石屏大学毕业以后第一次离开航空事业，自己的事业还只是刚刚起步，正值年富力强、奋发图进的时候，却突然被抛到了这边远的地方，从小就追求的蓝天梦一下子破灭了，他的心绪冷落到了冰点……

可是，工厂革委会主任对石屏却非常热情，见面就叫他老石，并安排石屏当了一名钳工，石屏的爱人当了车工。这让石屏很意外，他没想到在这里没有受到歧视。不久，工厂准备研制一款转子发动机，派人到杭州参观学习，革委会主任让石屏与一名工人前往。石屏不愿去，因为他认为自己不熟悉拖拉机的发动机，对转子发动机这种新东西更加不懂。另外，原先是搞在空中飞得那么快的喷气式飞机，现在却要搞地上跑得那么慢的拖拉机，这个心理落差让石屏难以接受。

革委会主任讲：“我们县技术员中只有你一个人是党员，我不找你找谁？你不懂，总比我要强。”主任的这句话，似一把重锤敲得石屏心里咯噔一下。这几年听到的都是些虚浮的口号和盛气凌人的腔调，已经很久没有听到这种朴实而有分量的话了，也很久没有人在意过党员了。在“文化大革命”期间，党员的身份是相当尴尬的。

就因为这句话，石屏接受了这个任务。通过石屏与工人的共同努力，不久，图样便有了。事实上，当时石屏还没有完全搞懂技术关键，然而，没过多久，工人便照着图样竟然做出缸体和活塞来了，装上汽车还真运行了。这让石屏很意外，也很吃惊，他感叹工人中有能人啊！但后来，因为转子发动机的关键技术很难解决，所以没有继续下去。

但是，这件事情却让石屏在高安县农机厂当了一把名人。没过多久，革委会就任命石屏为工厂“抓促组”（抓革命促生产）的组长，统管全厂的生产技术。

不久，工厂开始试制“丰收”45型拖拉机。当时，南昌柴油机厂有两名设计员也下放到了高安农机厂，还有一名清华大学的学生也下放到这里劳动。由于缺乏条件，既没有材料，也不会制造齿轮，于是，由他们3个人到上海将“丰收”45型拖拉机的全套图样拿来，并协作制造全部的齿轮。工厂只生产拖拉机的底盘。

清华大学的学生通过熟人从上海引进滚齿机，这时，高安县农机厂改名为宜春拖拉机厂，石屏负责“丰收”45型拖拉机的试制项目。这型拖拉机研制难度很大，当时，江西拖拉机厂只是生产“丰收”35型，而宜春拖拉机厂却大胆提出了这个项目，事实上，它主要是依靠协作。由于这型拖拉机准备用于当年的五一献礼，所以进度要求很高，加上石屏同时兼顾了齿轮外协全部调回工厂的任务，以及底盘生产和方向机的设计工作。这对石屏来说，工作强度特别大。

经过半年的努力，“丰收”45开始总装。此前，石屏设计了方向机，画了图样，但工人看不懂这个图样，把方向机的方向给做反了。由于时间很紧，有人说：“没事，注意点就行了！”石屏坚决反对，他说这容易出事故。于是，他只好日夜抓紧返工。五一那天，拖拉机还真“突突”地开到专区报喜了。

拖拉机成功了，石屏却累倒了，他遭遇了他的第一次肺炎。当时，他高烧不退，还伴有咳血症状。工厂的医生用大剂量青霉素给他退烧，结果，石屏大汗淋漓，被子都湿了，后来甚至虚脱了。

革委会副主任赶紧将他送到县医院。当时，一位早年在国民党军队任职的王医生接诊了石屏，当得知用过青霉素时，他很不客气地质问那位工厂医生，说："他这种情况，怎么能急着用青霉素退烧呢？"

王医生马上给石屏检查，并配药，那天晚上，王医生整晚没睡，陪在石屏身边，观察他的血压，不让它降下来。经过精心护理，石屏才慢慢好起来。

工厂医生心里很不服气，过了两天，他对石屏说要找王医生争论，他说王医生成分不好，没资格说他。石屏赶紧调解，他说："你（工厂医生）也是为了我好，想给我止烧，就算虚脱我也感激你；王医生也是出于责任心，也是为了我好，我也感激他。你们的目标实际上是一样的。"这么多年了，石屏一直记得这名"成分不好"的医生。

在高安，石屏一待就是3年。这期间，他和工厂上上下下打成一片，大家都非常敬重他。家里的生活也安定下来，爱人和孩子也已经适应了这里的生活。厂里给石屏配了两个大房间，妻子后来也转入技术组，孩子还小，在这里既可以带孩子又不影响工作。石屏的工资是从洪都带来的，比厂长还高一大截。这里吃的东西又多又便宜，比南昌市还好。但这相对安定、舒适的生活，还是解不了石屏想搞航空、搞飞机设计的心结，他始终渴望着回到自己的飞机设计岗位上。

1971年，三机部在湖南大庸（现张家界）搞了一个013基地，洪都有一位干部叫贺志勇，调到了这个基地。出于工作需要，他到高安告诉石屏说那里需要人，准备调石屏过去，而且他将这件事告诉了宜春专区负责政工的王实先（王实先原来是洪都的厂长）。石屏便去找王实先，要求开调令。王实先将这件事布置给下面的办事员，办事员说，这件事似乎应该通知高安县。王实先严肃地说："程世清（时任江西省革委会主任）这样做是不对的，把搞航空的，有经验的专业人才下放到农机厂，他们迟早是要归队的。不能经过县里，县里肯定不会放人的，直接开调令到013基地！"说这样的话，在当时是需要勇气的。

不久，厂里得知石屏要走的消息，革委会主任劝石屏说："你这么大年纪了，还跑"三线"去，你知道"三线"有多苦吗？要不你自己先去看看，把你爱人和孩子留下，过去待几天，不适应再回来。"石屏说，我的档案已经调走了。革委会主任说："没有档案没关系，不用档案，我们知道你就行了。"

对这种信任与挽留，石屏很感激，但他仍然决意要走。在石屏心里，重新燃起了一种渴望，这种渴望如同点亮了一盏熄灭的灯，如同重圆了一个破碎的梦，让石屏向往并追逐。于是，已近40岁的石屏满怀着希望和热情，拖家带口，踏进了偏远而又荒僻的湘西大庸的深山老林里。

013基地是三机部根据1970年全国计划会议拟定的"四五计划"纪要，按照备战和"内地的工业建设要大分散、小集中，不在大城市，工业布点要靠山，分散、隐蔽"的要求而筹建的，计划在大庸建设一个大型直升机制造厂，下面又分总装、部装、机加工、旋翼等4个分厂。

一路颠簸，从长沙出发，经过中途休息，汽车跑了4天，在大山里绕行，终于到达了基地。石屏立刻被这里的景色迷住了，这是一条长长的峡谷，四面都是连绵起伏的大山，山上长满了郁郁葱葱的大树。天空碧蓝得有如水洗，空气清新而带着花草的芬芳，远处传来山风吹拂森林的涛声，更显得谷底原始的安宁与深幽，这真是一个修身养性的好地方呀！

等石屏到达工厂时，他发呆了，除了简陋的宿舍，什么也没有，周围没有平地，不能骑自行车，水在很远的沅江，烧的是山上砍来的树木，这里不要说造飞机，就是造拖拉机都成问题。在这交通不便的深山老林里，要建立一个庞大的航空工业基地，是一件极不现实的事情。后来，事实印证了石屏的忧虑。

在这里，人们的生活状态也不如意。由于物资匮乏，交通不便，吃、穿、用的物品都由单位出车，一个星期一次，一户派一个代表，到镇上统一购买。大山里的地下水，碱性特别重，洗衣服都不用打洗衣皂，而用这样的水做饭，石屏吃了经常胃痛。由于是自用柴油机发电，因此每天只能供电到晚上 8 时。在这里，什么都缺，唯一不缺的就是时间。由于工程受条件限制，进度非常慢，职工也就无事可干。在迷惘的等待中，一部分人将心中的理想与事业放逐在这散漫而又封闭的大山里，打扑克、下象棋成了他们消磨时光的主要方式。

石屏也迷惘过，但他不甘心就在这大山里从此消沉下去。于是，他告诉自己，无论生活怎样苦闷，无论人生怎样失意，都不要轻易放弃努力，都不能轻言没有希望，这是石屏结合自己的人生经历得出的结论。他也经常跟同事和爱人说，事情不会总是这个样子，总会有转机的。

石屏把自己的“活儿”安排得满满当当，他锯树劈柴，垦荒种菜，施肥浇水，甚至学会了木工，家里的桌椅板凳、碗柜衣橱全是石屏亲手做的。自从上次得了肺炎后，石屏的体质一直不好，原来没有时间锻炼的他，开始练起了太极拳。没有老师教，步伐不会走，他便看着书在地上画方位图，然后按图练习。一段时间后，竟然无师自通，至今他仍在坚持练习。

当然，最重要的是学习。一大箱从南昌带来的技术书籍，是他重要的精神食粮。同时，石屏敏锐地感觉到，苏联老大哥已经走远，英语将会发挥重要的作用，他继续攻读英语。由于大山里信息不通，收音机收不到信号，听不了英语广播，加上晚上停电早，石屏经常在煤油灯下阅读、沉思。事实证明，学习英语对石屏后来的工作起到了重要的作用。

1973年，生活在大山里的石屏得到了母亲去世的噩耗，收到信时已经是母亲去世后十几天。石屏悲痛欲绝，以泪洗面，那段时间脑子里总是映现着母亲的身影。由于路途遥远，交通不便，加上石屏当时也生病了，因此，直到今天，石屏仍然为不能给母亲送终而悲痛。

石屏有了小孩后，便将乡下的母亲接到南昌共同生活。没多久，“文化大革命”席卷而来，这让石屏开始担心起母亲来。有一次，“造反派”要抄石屏的家。石屏知道，在母亲的心里，儿子是完美的，是正派的，她肯定承受不了自己的儿子被人抄家的事实。于是，石屏请求让自己母亲带小孩出去后再进行，以免母亲受到惊吓……后来，每天都有人被戴“高帽子”，由于担心母亲，石屏想办法将母亲送回了乡下。石屏怎么也没想到，这竟然是他与母亲的永别。

石屏母亲

人说父亲是山，母亲是河，可在石屏心中，母亲既是山，又是河。早年丧父的他，少时一直与母亲相依为命。在石屏的印象中，母亲满手是茧，一脸的皱纹，指甲厚厚的，没有读过书，是典型的农村妇女。然而，正是这个平凡普通的女人，却支撑起了一个濒临破碎的家庭。丈夫去世后，她历尽磨难，抚养了8个孩子。

一年四季，她总是忙碌在田头灶旁。她含辛茹苦，把深沉的母爱倾注在子女身上，她从不责骂子女。她心地善良宽容，从不与邻里红脸吵架，每当女儿们回娘家，她都要嘱咐她们，尊重自己的公公婆婆，不要与丈夫吵架。在她的影响下，4个女儿的家庭都很和睦。

对体质较差的石屏，母亲更是呵护有加。石屏10岁时，左脚痛，不知道是什么病，因为痛，石屏使劲地抓着母亲的手臂，以减轻痛苦。母亲从来不躲，她的手臂上全是指甲印。母亲整天陪着石屏，向神佛祈祷。后来，听说城里能看病，她到处筹钱，丢下她从未离开过的家，陪着石屏去城里治病，前前后后两个月，她一步也没有离开石屏。

因为石屏体质一直比较虚弱，因此，母亲是非常支持石屏读书的，因为她不希望石屏待在农村干农活，她担心石屏受不了这个苦。

石屏有了小孩后，母亲非常高兴。有一天，不知什么原因，石屏的爱人张雪佩打了小孩一巴掌，母亲知道后非常生气，她很严厉地冲着石屏发火："你们30岁才生了一个孩子，你们有什么了不起的，你们还打孩子，这么小的孩子，他知道什么？"石屏知道，母亲真的生气了，在石屏印象中，这是母亲最严厉、语气最重的话。

母亲的善良无私、宽容大度以及坚强，对石屏的成长有着言传身教、潜移默化的巨大影响。也正因为如此，石屏对母亲有着深厚的感情。

从小到大，石屏从来没有对母亲说过一句重话，也严格要求自己的妻子和孩子这样做。中学写信，他便时刻叮嘱哥哥们，不让母亲吃馊掉的剩菜剩饭。从参加工作的第一个月起，石屏就坚持给母亲寄生活费，无论生活多难，也是如此，几十年不变。石屏交女朋友时，向对方(后来的妻子)提出的第一个要求就是，能接纳自己的母亲……

可就在这大山中，在石屏孤寂落寞时，母亲又不幸去世了。这个阴影，这份愧疚，一直萦绕在石屏心中，久久难以挥去。在大山里，有一次石屏看到一个老妇人，年纪与母亲相当，也是小脚，也是满脸的皱纹，身高体型也很像，弯着腰背个背篓。她还逗石屏的两个小孩子，说他们长得真好。看着她的背影，石屏不禁潸然泪下，他想念他的母亲……

石屏说，母亲宽阔的胸怀容纳了她一生的艰难困苦、喜怒哀乐，包容了8个子女的一切，她的眼神和语言表达了天下母亲对子女的无私的爱。

山里的日子，白天黑夜单调轮替，石屏过着日出而作，日落而读的生活，在这深邃的空旷和宁静之中，他充满了期盼……

一晃就是5年，在这大山般寂寞而又凝重的日子里，他没有放弃，没有退缩。他也因祸得福，过着平静而充实的日子，不仅避开了外面世界的纷纷扰扰，少了“文化大革命”中的是是非非，还充实了自己，提升了自己。在这静寂的大山里，他积蓄着，默默地等待着，等待着喷发的那一天！

这一天终于来到了！

1976年10月，党中央执行人民意志，粉碎了“四人帮”，全国人民欢欣鼓舞，举杯庆贺。接着，召开了中共第十一次全国代表大会，宣布了“文化大革命”的结束。具有历史意义的党的十一届三中全会，从根本上冲破了长期“左”倾错误的严重束缚，端正了党的指导思想，重新确立了马克思主义的思想路线、政治路线和组织路线，做出了把工作重点转移到社会主义现代化建设上来的战略决策。自此，全国的政治局面也趋于稳定、正常，经济建设开始走向正轨。

1977 年，随着“洪都问题”的逐步解决和 013 基地的解体，石屏也被调回南昌，来到了长江机械厂。回到南昌他才明白，当时江西将洪都近 3000 名熟练工人和技术人员下放到各县农机厂，事先并未请示中央，也未得到中央的批准，这些人被白白折腾了好些年，石屏也在外耗掉了 8 年的时间。

第六章

改革开放促成K-8上马

事实上，013基地下马后，石屏完全可以回洪都，也可以去景德镇，但他最终选择了长江机械厂。因为这里有他想要干的事业，那就是长江机械厂正在研制初级喷气教练机项目（L7）。

由于军用飞机的高速发展，飞行员的训练费用激增，各国用战斗机改型的教练机一般都配装早年的涡喷发动机，有耗油率高、飞机留空时间短、视界不好等诸多缺陷。于是，20世纪70年代开始，各国开始更新教练机，相继出现了配装涡轮风扇发动机的第二代教练机，如S.211、L–39、IA–63、C–101、“鹰”、“阿尔发喷气”等，以替代战斗机改型的教练机。

当时，我国用捷克斯洛伐克产的L–29喷气教练机培养了两批飞行员。飞行学员不经过初教6直接飞L–29，然后飞歼教6，反映很好。我国这时候主要机种是歼6，歼7已逐步装备部队，因此，部队为提高训练效率，提出了研制L7喷气教练机，其技术指标与L–29相当。

1974年4月，三机部上报《关于自行设计研制初级喷气教练机的报告》，决定飞机研制定点南昌长江机械厂，发动机定点中国南方航空工业（集团）公司（南方公司）和中国航空动力机械研究所（航动所），开始研制L7，并计划研制配装L7的发动机。然而几个自行

美国的A–37攻击机

研制的方案都未能实施。时值越南送给中国1架美国制造的A-37攻击机（越南战争中缴获的），配装了2台J85-17A涡喷发动机，单台推力是13112. 4牛。于是，决定由南方公司和航动所仿制该发动机。1975年12月，国务院中央军委常规装备领导小组批复，同意这个报告及所附初级喷气教练机的战术技术要求。

为了能参加教练机设计，石屏从湖南到了长江机械厂，到长江机械厂以后，石屏回到了强度专业。因为这时候，国内飞机结构强度专业正在推广有限元结构分析和结构寿命计算方法。在“文化大革命”期间，石屏一直渴望进入这个领域，这对他来说，是一个非常有吸引力的事情，然而，当时没有条件，现在终于有机会了。回到强度组，石屏跃跃欲试，想在这个领域大干一场，但没多久，领导要派他参加L7的总体设计工作。石屏其实不太愿意，他还是想坚持在强度组工作，但领导对他说：“你是我们从大庸请来的老同志，你有总体设计工作的经验，如果你不服从我们的调配，我们怎么办？”在这种情况下，从大局考虑，石屏同意了。

到总体组后不久，他去北京大学参加L7的风洞试验。1978年7月，长江机械厂领导打电话让石屏回厂，设计所的副所长专程去车站接石屏。在路上，副所长告诉了石屏让他回来的原因。这时候，石屏才知道，长江机械厂已经决定让石屏担任设计所的副所长，主管L7的飞机设计工作。

当时，L7在方案论证中，存在两个方案，一个类似捷克斯洛伐克L-29的常规布局，另一个是高平尾、尾撑式布局。到底该采取哪种方案，大家长时间存在争议，L7研制进度缓慢。为了解决这个棘手的分歧，统一意见，尽快确定方案，石屏特意到北京进行资料检索，搜集国外资料，了解尾撑式布局。当石屏查阅大量资料后发现，这个布局存在很大的风险，飞机容易出现深度失速。美国20世纪70年代初研制的“超斑马”教练机也是采用这一布局，最终以失败告终。了解了这些情况，石屏心里有数了。回到南昌后，他花了不少心思，寻求两个方案的契合点，将两个方案取长补短，糅合为一个方案。作为项目主管领导，石屏知道，技术分歧不利于加快型号研制进程。为了顾全大局，石屏在大会上明确规定，此后只有新的方案，谁也不许再提原来的方案。

由于年底要上报 L7 的设计方案，石屏率队到南方公司了解测仿 J85 发动机的情况。到了南方公司以后，对方告诉石屏，由于 J85 - 17A 发动机是美国 60 年代最先进的发动机之一，技术难度太大，虽然他们已经投入了 70% 的工装设备，但这个发动机的叶片非常薄，测仿太困难。南方公司建议，意大利有 J85 - 17A 的生产线，可以从意大利引进发动机。于是双方向三机部打了报告，先期引进 16 台发动机。

设计方案进行了低速风洞选型，按要求，于 1978 年 12 月向三机部报送了 L7 的设计方案。1979 年 1 月，长江机械厂正式并入洪都，长江机械厂设计所全体人员编入洪都飞机设计所的各个专业。1979 年 2 月，三机部通知洪都，L7 暂缓研制。

由于发动机的“瓶颈”问题，直到 80 年代，L7 也没有明显的进展。

1974—1979 年初，L7 论证工作历经 5 年，最终却以暂缓研制告终。究其原因，一方面是来自时代背景的影响，另一方面也出在发动机问题上。L7 研制期间，研究过 10 种发动机方案，其中 2 种自行设计方案，8 种改型方案，均未成立。1977 年决定测仿 J85-17A，也因技术难度大宣告失败。这一时期因发动机造型问题论证了 4 种飞机方案，进行了 8000 余次风洞试验，耗资 400 余万元。

1979 年 7 月，石屏被任命为洪都飞机设计所副所长，负责设计管理科的工作，并主持初教 6 飞机的质量整顿工作。

初教 6 是一款很好的飞机，自 20 世纪 50 年代诞生以来，到今天，已生产 2000 多架，为中国空军、海军培养了成千上万的飞行员。由于“文化大革命”，洪都也遭受了严重的破坏，科研生产受到很大影响。“文化大革命”期间，初教6移交给长江机械厂生产，由于管理松懈，文件图样混乱，生产线上出现大量的质量隐患。“文化大革命”结束后，工厂贯彻“调整、改革、整顿、提高”的方针，进行全面整顿，初教6的质量整顿工作迫在眉睫。

接受这一任务后，石屏针对初教6的具体情况，组织设计人员，全面复查图样和技术条件，所有临时文件转正，损坏的底图一律复制。经过整顿，初教6的质量有了明显提高，初教6也显现出强大的生命力。这次质量整顿，为初教6获得1979年的第一个国家金质奖提供了条件。

这期间，石屏还协助所长负责强5外销机（强5 Ⅲ）改型。强5外销机是1980年，中国航空技术进出口总公司（中航技）与巴基斯坦签署的合同，要求在强5的基础上，加装武器，改进座舱布局。

按照巴基斯坦的要求，需要对强5的座舱布局以及火控系统进行更改。发图时，由于强5的武器外挂梁是组合梁，加工与装配都很复杂，于是，石屏请示陆孝彭所长，将组合梁改成整体铸造的外挂梁。由于技术难度较大，当时，有人提出要到外厂进行协作，厂领导决定在本厂生产，当整体铸造外挂梁的图样送至车间后，由于缺乏相关经验，报废量很大。这时，石屏奉命到铸造车间蹲点。

巴基斯坦装备的强5飞机

有一次，领导到现场开检查会，车间提出由于厂房漏雨，加上设备检修问题，必须改善厂房条件。听大家这么一说，石屏心里有了底，工人并没有反映技术问题不能解决，这说明他们有能力做这项工作。

事实也证明了石屏的判断，技改问题解决后，经过试验，不断改变外挂梁的浇、冒口位置，并控制温度，最后成功了。

在主管强5外销机的过程中，石屏积累了对外合作的工作经验，也大大开阔了眼界，为后来的K–8走外销出口的道路打下了基础。强5Ⅲ成为我国外销的第一种自行设计的战斗机。

20世纪70年代末80年代初，改革开放的春风吹响了中国经济发展全面提速的号角。

1978年，党中央提出了改革、开放的伟大方针，中国开始进入一个具有历史意义的社会主义现代化建设的新时期。在此前后，邓小平同志多次强调加快航空工业发展的重要性，指出“科技是巨大的生产力，这在航空工业中表现得特别明显”，要求航空工业贯彻“军民结合”的方针，大力发展民用飞机和其他民用产品；加快引进国外的先进技术，提高航空科研起点；积极开展航空产品对外出口。为贯彻这一系列指示，航空工业提出了“科研先行、质量第一和按经济规律办事”的指导思想，确定了飞机“更新一代、研制一代、预研一代”的发展方针，明确了“在新机研制上有所突破，在民品生产上有所突破，在扩大出口上有所突破”的目标。为此，中国航空工业在全面推进各项改革的同时，开展了大规模的“军转民、内转外”的战略转变，取得了前所未有的成绩。军用飞机，开展了近40个型号的研制与改型，源源不断地向部队提供大批航空军事装备；民用飞机，开始改变长期发展滞后的局面，进行了20多个型号的研制与改进改型，广泛应用于国民经济各个领域；非航空产品生产迅速崛起，销售额每年递增30%以上；广泛开展国际经济技术合作，先后同上百个国家和地区建立了贸易与合作关系，形成了工贸结合、技贸结合、沿海与内地结合、进出口结合的新格局，还成立了中国军工部门第一家外贸公司——中国航空技术进出口总公司。

1982 年 11 月，中航技根据国内外教练机市场的需求，加上改革开放，有引进发动机的可能，考虑到洪都有研制 L7 的经验，建议与洪都合作研制新一代教练机（名称暂未定），得到洪都的赞同。双方先期各投资 100 万，进行前期方案论证工作。

洪都飞机设计所所长陆孝彭把任务交给石屏，由他组建方案论证组。1982 年 12 月，组建了以石屏为组长的新一代教练机方案论证组，对两种发动机、串座和并座布局进行方案论证。这期间，石屏一方面不断向空军汇报方案，争取空军立项，另一方面，组织对国外发动机的引进谈判。

在方案论证中，首先涉及到发动机问题，石屏承担了新一代教练机发动机的选型工作。

为了发动机选型，方案组向 3 家发动机公司发函，希望对方提供与新一代教练机相匹配的发动机资料。普・惠公司派人到洪都商谈业务，通用电气（GE）公司向洪都提供了资料，而加雷特公司一直没有回应。1983 年 3 月，洪都与普・惠公司进行了第一次谈判，普・惠公司只能提供 JT15D-4C 发动机。石屏认为，这款发动机推力太小，要求提供更大功率的发动机。普・惠公司介绍了 JT15D-5M，但这款发动机尚处于论证阶段，需要共同投资研制。

1983 年 5 月，石屏开始与 GE 公司第一次接触，商谈 J85 的供应问题。对方说，J85 是军用型，他们推荐 CT610-8A，两型发动机性能相当，但后者引进更方便。1984 年，由中航技牵头组团到 GE 公司商谈 CT610-8A 供应的技术协议。经过两个星期的谈判，签订了关于 CJ610-8A 配装新一代教练机的技术协议。按此协议，1984 年 12 月，洪都派人去美国进行进气道的吸气试验。1985 年，GE 公司向洪都移交了 CJ610-8A 缩小比例的金属模型，并举行了隆重的接收仪式。同年，按这一型发动机，制作了 1 : 1 的木质样机。

与 GE 公司的谈判比较深入。对洪都提出的问题，GE 公司态度

1984 年，石屏（前排左 5）率队第一次与
GE 公司进行 K-8 飞机发动机谈判

非常认真，答复不了的，带回去，下次来再接着谈。有一次，石屏组织了较多的人与 GE 公司进行了对配装 CT610–8A 发动机飞机性能进行估算的谈判。当时，参加谈判的人员较多，设计所所长亲自参加，并担任翻译工作，谈判签订了一项内容详实的技术纪要。GE 公司主动参与到配装 CT610–8A 发动机的飞机性能的估算中来，他们认为，发动机能满足新一代教练机的技术要求。

要主持发动机的谈判工作，就必须了解发动机的专业知识，否则在谈判中必然会吃亏。但石屏不是发动机专家，当时洪都飞机设计所的发动机专业人才也很少。因此，石屏加强了对飞机发动机的研究。他从学习《涡轮喷气发动机原理》开始，熟悉发动机，并组织相关人员研究美国的涡轮喷气发动机的技术规范。根据规范，在谈判过程中，向对方提出了许多专业的技术问题，使谈判收到了很好的效果。与此同时，发动机选型、谈判过程也为洪都飞机设计所培养了一批发动机专业人才。

1986 年 4 月，空军副司令员林虎率空军各部门领导考察洪都，石屏汇报了新一代教练机的方案。针对发动机选型问题，林副司令员说，希望采用涡扇发动机，飞机的续航时间要达到 3 小时，最大速度最好是 850 千米 / 时。空军这一明确的需求，事实上否定了洪都关于外购 GE 公司 CJ610–8A 发动机的方案，因为这型发动机为涡喷发动机。会后，空军葛文墉副参谋长拉着石屏的手，意味深长地说："空军是要飞机的，但不是要涡喷，要的是涡扇。"

面对这样的现实，石屏也很无奈。与飞机打交道多年，石屏清醒地认识到，飞机作为一个完整的系统，发动机、各种机载设备和成件，无一不直接影响着整个飞机系统的性能。然而，当时航空工业存在"辅"机跟不上"主"机，发动机跟不上飞机的矛盾。这个矛盾，导致不少好的飞机或好的飞机设计方案夭折了。且不说别的厂，就是洪都的初教 6、强 5 都曾遇到过发动机的关卡。初教 6 原型机一开始就碰到捷克斯洛伐克试制的 DORIS–B 发动机与 V411 螺旋桨不匹配，研制工作走投无路，搁浅了一年之后，绝处逢生，改用 AH–14P 发动机及其配套的螺旋桨，飞机更改设计，最后获得成功，多耗时两年多。

1982—1986 年，尽管做了很多的努力，但新一代教练机却始终停留在方案论证阶段，没有进展。这期间，新一代教练机的方案均立足于国际国内两个市场，洪都总是希望能找到一个内外兼顾的方案，可事实证明，这只是一个良好的愿望。

多年后，回顾这 4 年的论证工作，石屏得出这样一个结论：新一代教练机之所以进展缓慢，一方面与发动机有关；另一方面，国内市场条件仍不成熟，因为当时空军的初教 6—歼教 5 体制虽然有缺点，但要淘汰一个机种，换一个新机种，时机仍不成熟。

因为发动机的问题，军方始终不认可新一代教练机，自然就无法争取到立项。在这种情况下，很多人都对新一代教练机失去信心，加上国家大力提倡"军转民"，1986 年，设计线上大量人员投入到民机竞标中，新一代教练机线上只剩下 3 个人坚持着。

歼教 5 飞机

今天，我们回顾历史，客观地说，新一代教练机遭受的这些波折与磨难，并不是单纯的事件，而是被打上了深深的时代烙印。

20 世纪 70 年代末至 80 年代中，人民解放军实现军队建设指导思想的战略性转变，即由准备“早打、大打、打核战争”转变到和平时期建设的轨道上来。经过 1975—1982 年的历次精简整编，我国军队数量已经有很大缩减，1985 年，中央又决定裁军 100 万。这期间，许多军人退役转到地方。与此同时，许多军工企业也都面临着军转民的艰难过程。

洪都，作为国有大型军工企业，由于“文化大革命”，加上长期没有新的型号设计研制任务，尽管在早年积累并掌握了一些设计技能，但无论是制造厂还是设计所都出现难以为继的局面：军品订货量压缩，任务不足，生产线因闲置而萎缩；企业负债重，流动资金短缺，资金周转困难；各种科研经费削减，新品研制能力不足；因预研型号少，资金短缺，技改投入减少，生产设备陈旧，制造技术落后；人才流失严重；社会包袱沉重……

为了生存，军工企业纷纷响应国家号召，大行军转民、军民结合的尝试。在这种大背景下，洪都一时大兴民品，利用现有资源、技术、人才等转向民用产品的生产。声震大江南北的“长江”750、“洪都”125 两轮摩托车就是这一时期的典型产物。

80 年代初，洪都为了适应军方需要，组织了强 5 加大航程的项目论证，组织了强 5 外销机出口，至 80 年代中期，实行军民结合。很大一批科研人员纷纷转向民品线。作为科研人员，石屏既表示理解，但同时内心也有一种说不出的苦楚。作为洪都当时的支柱产品，强 5 的年订货量最少时只有 3 架，3 架强 5 飞机，却要养活 2 万职工！这在今天，是难以想象的事情。

结合这样的时代背景来看，中国新一代教练机的研制历程，其艰难曲折性便不难理解了。

虽然新一代教练机遭遇困难，但对于石屏来说，这段时间是他的蛰伏期。围绕发动机选型，石屏做了大量的研究工作。他天天加班，常常是想起要回家时已经很晚了。

一个人走在寂静的路灯下，影子被拉得好长好长，空气很清爽，树影婆娑。生活区里 50 年代建造的住宅楼在橘黄色路灯的映照下显得更加沧桑，人们已经沉入梦乡。从办公室到家的这段路上，石屏总是看着自己移动的影子，思考第二天要做些什么，非常投入，常常到了家也不知道，石屏突然意识到原来这条路他已经走了几十年了。

这几十年间，他经历了洪都飞机发展史的全部内容，从修理到仿制，再到自行设计，从螺旋桨飞机到喷气式飞机，从最初的雅克 –18、安 –2、初教 6、“东风”103 到强 5 以及强 5 系列改型机等多种型号飞机的仿制、设计、研制。作为新中国的奠基企业之一的洪都，有过灿烂辉煌、风光无限的历史，也经历了艰难困苦、低谷徘徊的岁月。可是，无论多么艰难，洪都人始终没有放弃“航空报国”的信念，再苦再难也要干，雅克 –18 是这样干出来的，初教 6

是这样干出来的，强 5 也是这样干出来的。

提起强 5，石屏突然想起了陆孝彭所长。他在心底问自己，如果新一代教练机也遭遇了强 5 研制之初的困难境遇，今天的我们又该如何呢？

石屏沉思着，仰望天空，明月斜挂……

1982—1986 年，尽管新一代教练机的研制没有实质性进展，但有一点是必须肯定的，那就是在中航技的积极推动下，寻求国际市场的步伐从来没有间断过。中航技积极推动新一代教练机的国外推介工作，这也是寻求国际市场的重要时期。正是这一时期，奠定了新一代教练机走外销出口道路，走出了一条全新的营销模式。

1983 年开始，中航技便对外推荐新一代教练机，并重点与巴基斯坦就合作进行了多轮商谈。

1984 年 6 月的一天，在洪都航空宾馆的会议室里，有一批特殊的客人，他们是巴基斯坦军方代表团，石屏参加会议并介绍了中国研制新型教练机的方案。这次会议，石屏得到了一个重要的信息：巴基斯坦有 75 架 T–37 教练机要退役，需要换装新型教练机，他们对新一代教练机设计方案表示赞同，有采购意向。

这个信息让石屏重新看到了希望，让洪都人看到了希望。要知道，这对于新一代教练机来说，是具有重要意义的关键一步，如果与巴方合作成功的话，那就意味着新中国第一架与外国合作、全新设计、以外销为主的新一代喷气式基础教练机将要诞生。这在 20 世纪 80 年代的中国，是具有开创性意义的一件事情，这说明中国改革开放已经实实在在地惠恩于经济的发展，惠恩于中国航空工业的发展。而在新中国航空工业史上，也将是载入史册的浓重一笔。

为了推动中巴合作，在所长的组织领导下，教练机方案组解散，教练机的工作已经安排到各专业室了。石屏深知，飞机要上天靠少数人是实现不了的，需要一大批骨干力量。为了新一代教练机开拓国际市场的需要，在石屏等一批科研骨干的积极推动下，从1984年开始，洪都开始有计划、多途径、多语种地对科技人员进行外语和计算机培训。后来，这批掌握了英、日、法等语种的工程师，承担了对外开放、技术引进过程中的翻译及外销产品买方人员的培训工作。同时，洪都开始注重计算机辅助设计、制造技术。没多久，企业便引进了VAX计算机，很快投入安装使用。

由于强5外销机、强5加大航程型及新研飞机的需要，这期间，洪都又陆续新建了6个实验室。这样，从手工操纵到机械、液压操纵，逐步到微机自动控制、监测和数据处理，初步建立了12个专业的实验室。当时，有些试验水平处于国内领先水平，如燃油、疲劳、鸟撞试验等。当然，从总体上来说，这些实验室后来因为经费受限，加上技改投入少，逐步落后了。但在新一代教练机研制阶段，这些实验室发挥了良好的作用。

1986年8月，南昌已是酷暑，一个早晨，石屏踏着设计所院前小路上班，两边的小树枝叶茂盛，各色花卉竞相开放。朝露拥着红红的太阳冉冉升起，高高的蓝天，清澈宁静，石屏今天心情格外好。

中航技副董事长赵光琛率团去巴基斯坦商谈教练机合作事宜。团组成员有：中航技李泽藩、房颖，三机部军机局高慧贤，洪都贺福康、石屏等，石屏很兴奋。1984年6月，巴代表团表示了采购新教练机意向，两年过去了，现在期望即将成为事实了。虽然多次出国，但这次却有着不同的意义。中航技和洪都是抱着必胜的信念前往的，出发前，大家达成共识：签约了，就是胜利。因为，这个时候的新一代教练机急需借助国际协作打开局面。石屏告诉自己，只能成功，不能失败。

此前的一年多里，新一代教练机逐渐进入低潮期，根本没有人料想会有巴基斯坦之行。由于通知来得太突然，来不及准备详细的汇报材料。出发前，石屏准备了一个配装JT15D-4C发动机的教练机简单方案，但在与巴方的讨论中，没有出示。石屏有自己的考虑，一方面，洪都新一代教练机的发动机还没有选定，方案并不是十分经得起推敲；另一方面，以从事强5外销谈判的经验判断，一旦拿出正式的设计方案，巴方极有可能会找来飞行员参与讨论。巴基斯坦这个国家虽然不能制造飞机，但由于他们的飞行员长期使用美国和法国的飞机，有飞机和发动机的修理厂，他们对教练机和作战飞机的性能非常了解，对机载设备及使用维护有很丰富的经验。石屏知道，一旦飞行员参与讨论，一个飞行员一个想法，意见很难统一，很多问题都会因此而拖延，那么整个合作的进展很可能会延缓下来，此次签约也就不太可能了，这是石屏最不愿意看到的结果。所以，石屏拿着提纲在讨论会上发言。

3天后的下午，石屏住进了巴基斯坦伊斯兰堡的住所。石屏向巴方详细介绍了飞机的方案，当天傍晚，巴方便通知第二天召开国防部听证会，汇报中巴合作生产K-8的事项。中方此前并不知道有参加听证会这项议程，这让他们感到意外。

参加听证会，这意味着合作事宜大有希望，这让大家很兴奋。但同时，也让大家犯了愁，中方并没有准备作报告的技术资料。在这种情况下，考察团讨论决定，迅速拟定一份全新的材料，团长将这个任务交给了石屏。

还没有从旅途劳顿中恢复过来，石屏连夜开始了紧张的工作。这一夜，他忘记了疲劳，忘记了饥饿，滴水未沾，完全沉浸在方案之中。报告从世界教练机的发展状况到巴空军对新一代教练机的实际需求，从世界新一代教练机的基本特点到我方新一代教练机的设计思路，从性能特点到国际竞争能力，从合作研制计划和周期到潜在市场分析等，进行了全面的阐述，通篇博采众长，旁征博引。完成了报告，石屏抬头一看，已是第二天的凌晨5时。将报告最后阅览一遍，然后放心地合上卷。异国的黎明静悄悄，石屏站在窗前思索着，眺望着远方……

远方，远到中巴交界的地方，横亘着中亚细亚大山脉。这里终年积雪不化，似一排玉柱立地擎天。绵延的山脉白茫茫一片，犹如横空出世的巨龙遨游在天边。时而云蒸雾涌，玉龙乍隐乍现，时而碧天如水，万里无云，群峰像被玉液清洗过一样，晶莹的雪光耀目晃眼。东方初晓，晨曦罩峰顶，多彩的霞光映染雪峰，白雪呈绯红状与彩霞掩映闪烁。傍晚，斜辉把雪峰染抹得像披上红纱，云朵带着晚霞，飞归峰间谷壑。入夜，月光溶溶，雪峰朗朗，显得温柔、恬静。

这里是世界上高山和高纬度之外冰川最集中的地方。塔吉克斯坦、中国、巴基斯坦、阿富汗和印度的边界全都辐辏于这一山系之内，赋予这一僻远的地区巨大的地缘政治意义，这里就是突厥语族中黑石或黑山的音译——喀喇昆仑（karakorum）。

听证会开了整整一天，气氛相当融洽。巴方参会的几乎全是将军，帮助放映幻灯片的是一名大校，而中方由当时任洪都副厂长的贺福康做了汇报。石屏从那些听报告的人的高兴表情和不时的耳语中感到项目有希望了，心里涌过一股暖流。汇报结束后，主持听证会的巴国防部主管生产的秘书（相当于副部长）征求到会各部门将军的意见，没有不同意见，当场宣布同意合作，交下面详细讨论。石屏意识到这是中航技长期有效工作的结果。

随后，巴基斯坦国防工业项目管理处主任法鲁克将军主持召开了谈判会，讨论具体的协议。石屏答复了对方提出的所有问题，将这么多年来酝酿和积累的对新一代喷气式教练机的发展思路和基本方案做了详细介绍。这个时候的他并不紧张，而是专心投入，巴方很满意，讨论进展得很顺利。讨论协议条款时，法鲁克却提出了一个要求，将石屏在会上提出的新一代教练机的技术指标写入合作协议之中。石屏明白，与外国人合作，自己必须把握主动权，否则就会陷入被对方牵着鼻子走的被动地位。强5外销机曾经就遭遇过这样的情况，来厂考察一次，对方就提一次要求，要求不停地变化，工作很被动。面对法鲁克这样的要求，石屏不能直接拒绝，这样不利于合作，但也不能答应他的要求，原因是发动机还未选定。事实上，石屏也知道，这个时候，巴方对新一代教练机的战术技术要求并没有作深入的研究，他们也需要时间来消化。在这种需要智慧与谈判技巧的时候，石屏站在对方的立场上迅速做出回答："巴方需要时间充分讨论新一代教练机的性能指标和技术状态，以后商定时间讨论具体技术指标也不迟。"听到这样的答复，巴方自然很高兴，因为，这样的回答也给了他们余地。当然，石屏在心底也长舒了一口气，终于有惊无险。到1987年，巴代表团到洪都集团，签订技术协议，明确技术指标和技术状态，洪都已经争取到了9个月的时间。

这样，仅仅一个星期，中巴双方便签订了《中巴合作研制新一代教练机总协议》，协议规定巴方出资600万美元。

中巴两国交界于喀喇昆仑山脉，因此新一代教练机取名为K–8，意为喀喇昆仑之鹰。从此，揭开了教练机立项研制的序幕。

历经磨难，步履维艰的新一代教练机终于开始迈出实质性的步伐了。1986年8月，成为K–8飞机立项研制、面向国外市场的转折点。1986年10月，52岁的石屏被任命为K–8飞机总设计师。

52岁，有人或许会谋划退休后如何享受生活，有人或许会沿着成功的道路继续走下去，驾轻就熟。但没有多少人会愿意从零开始，开辟事业上的新领域。然而，52岁的石屏，却踏出了K–8事业的第一步。

从事设计几十年，朝思暮想的就是要在有生之年为祖国、为航空事业出把力，现在任务来了，机会来了，考验来了，石屏心中充满了渴望。

由于 K–8 已经与巴基斯坦签约，发动机的选型问题迫在眉睫。发动机是飞机的心脏，多年来，教练机没有争取到立项，主要原因就是发动机问题。石屏对 K–8 的发动机选型可谓煞费苦心。

由于巴方提出 K–8 飞机必须进入国际市场，基于这一点，石屏认为，普·惠公司的 JT15D–5M 和通用电气公司的 CJ610–8A，都无法满足最大速度不小于 800 千米 / 时，且指定要涡扇发动机的要求。但当时，选用 JT15D–4C 发动机的呼声很高，因为当时北京航空航天大学（北航）有这型发动机，经过长期试车，反映发动机很好，因此，航空工业部发动机局、中航技以及洪都的部分领导都主张选用这型发动机。

面对这种局面，石屏压力很大，内心也非常焦虑。事实上，石屏不是不知道什么样的发动机适合 K–8 飞机，在多年发动机研究与选型的谈判过程中，石屏进行过论证，他认为，在当时的条件下，只有美国加雷特公司的 TFE731–2A 发动机才能满足要求。而且，这种发动机已经配装过两型教练机，是一个比较成熟的涡轮风扇发动机。石屏也做过努力，早在几年前便向该公司发过函，但不知道为什么，对方一直没有回应。

因为发动机的问题，石屏一筹莫展。他想起了一个在中航技负责采购工作的朋友，向对方倾诉。了解情况后，这位朋友答应石屏，他会想办法与加雷特公司联系。

令石屏欣喜的是，1986 年 10 月，美国加雷特公司的商务人员来到洪都，介绍了 TFE731 发动机。11 月，由总工程师亲自带队的 8 人小组来南昌讨论 K–8 配装 TFE731–2A 涡扇发动机的技术和商务问题，并承诺会进一步提高发动机推力。石屏知道，这是中航技积极开展工作的结果。

后来石屏才了解到，原来洪都向加雷特公司发函时，对方正与中国台湾开展合作，大概是出于政治因素，加雷特公司对于洪都的来函一直未做出回应。

凭借发动机选型经验及事先的技术准备，洪都内部确定选用TFE731-2A发动机作为K-8的动力装置。

美国加雷特公司的TFE731-2A涡扇发动机

得知洪都与加雷特公司来往频繁，美国通用电气公司与加拿大普·惠公司纷纷找上门来。洪都作为他们苦心经营了几年的潜在用户，他们自然是不愿放弃的。然而，石屏很清楚，虽然与这两家公司打了几年的交道，甚至还跟他们建立了一定的友好关系，但现在，他唯一能做的事情就是向他们说明，他们提供的发动机无法满足用户要求，两家公司代表表示遗憾。这是石屏第一次感受到竞争的滋味，他心里很清楚，教练机也将参与激烈的国际市场竞争。

洪都确定了选用TFE731-2A发动机后，向航空工业部上报了关于选用TFE731-2A发动机的报告，列出了K-8安装3种发动机的性能对比，并分析了选择TFE731-2A的原因。这型发动机推力大、耗油率低、单元体结构、寿命长，而且合作条件优越，可以租用3台发动机。航空工业部同意了这份报告。

1987年2月，在美国凤凰城，由中航技牵头，洪都与加雷特公司进行了商务合同谈判。石屏负责商务合同中的技术协议谈判，技术协议是商务合同的基础。

发动机推力问题是石屏最关心的问题，此前对方承诺过，要增加 TFE731–2A 发动机装机后的推力，因此，谈判一开始，石屏便直入主题，要求对方落实此前提高发动机推力的承诺。然而，让石屏意外的是，对他提出的要求，对方表示了沉默。石屏非常强硬地说：“如果这个事情得不到落实，不能往下谈。”这个时候，加雷特公司才同意，并提出了提高推力的具体措施：更改 TFE731–2A 发动机的低压涡轮，共同设计混合尾喷管。这就是后来用于 K–8 飞机的 TFE731–2A–2A 发动机。

商务谈判中，谈到具体交付条件时，我方要求除了租用的 3 台发动机以外，还要免费提供发动机配套的仪表及装在发动机上的起动发电机和液压泵等设备（1988 年，又免费提供备份燃油系统），为 K–8 的研制争取了时间，节省了投资。

商务谈判后，石屏开始校核技术协议的文稿。技术协议包括发动机的性能，对方提供所有成品的牌号、数量，还有在加雷特公司进行发动机畸变试验和电动机的起动试验，在洪都试飞过程中测量发动机推力，测量飞机上进气道的畸变等内容。校核技术协议文稿是一项很细致的工作，连仪表的传感器的数量、牌号都要写清楚，一不小心，就容易忽略某些重要的内容，而一旦协议生效，就只能吃哑巴亏了。所以石屏很小心，前前后后都想得很周到。

多轮谈判后，技术协议上的条款都得到了落实。双方签署了技术协议，在此基础上，签署了商务合同。

经过一场充满智慧的较量及后续合作过程中的多次讨论纪要，美国加雷特公司的项目主管被石屏的执着和勇气所感动。后来，他当着大家的面开玩笑地说：“石先生真难对付，他想得到的一定要千方百计达到目的。”

终于成功了！签订发动机合同时，不仅要校对中文本，还要校对英文本，因为连续熬夜，石屏上火牙痛，回到北京，脸肿得变了形，说话都困难，但他心情很愉快。这不仅仅是因为从美国人那里租用了发动机，一举三得地解决了研制周期、经费问题并保证了质量；而且，这样“划算”交易的成功，从某种程度来说，是美国加雷特公司对 K–8 的一种信赖与认可，这让石屏更加坚信，K–8 一定会成功。

历史的年轮驶入 1987 年，这一年 K–8 打开了局面，开始了全新的历程。

1987 年 1 月，航空工业部下达 K–8 研制计划。3 月 11 日，航空工业部副部长王昂出席了 K–8 工程工作会议，K–8 飞机列入部计划管理，军机局开始进行项目管理。4 月 3 日，国防科工委批准《教 8 机作为出口型飞机立项研制》，K–8 设计工作全面展开。

1987 年 5 月 14—19 日，巴基斯坦国防部法鲁克将军率 15 人代表团来洪都讨论 K–8 教练机战术技术要求，这是自 1986 年中巴签订合作研制新一代教练机总协议后，双方共同商定签订 K–8 飞机战术技术要求的日子。经过近一年的工作，巴方提出了装机成品的详细建议。中方签订了发动机合同，石屏及总设计师系统组织完成了详细的方案设计、计算了性能，同时，与成品厂商谈新品研制协议。因此，总体布置，重量、重心都已落实。

会上，石屏详细报告了 K–8 的设计方案、性能数据及技术状态，巴方提出要保证 K–8 飞机在国际市场上具有竞争力，并确定 6 月 1 日为工程零点，研制周期为 3 年。双方在战术技术要求上签了字，同时，就讨论中提出的建议签署了理解备忘录。

1987 年 6 月 1 日，对 K–8 飞机来说，这是具有历史意义的一天，也就是从这一天开始，K–8 研制正式进入 3 年倒计时阶段。

在巴方要求的 K–8 配套成品中，有 16 项是国内当时所没有的，这其中有 8 项是随发动机免费租用的。

起初，对于国内没有的8项成品，洪都与对口承制厂一一协调，准备投入资金进行研制，并反映在石屏给巴方做的详细方案中。然而，经过近10个月的国内调研和协商，结论是，国产成品不仅保证不了质量和进度，而且一次性投入科研费太多。在这种情况下，中航技建议外购这些成品，洪都集团领导当即同意了。

对于中航技的建议，存在着争议。有人认为，引进国外成品，不仅成本增加，而且会失去国内订货，有违两个市场的初衷。

需要说明的是，当时参加K–8设计与研制的人，谁也没有想到K–8飞机在20多年后的今天能成为中国航空工业外贸出口的主要机型。在当时，许多人还是将国内军方作为K–8的主要潜在用户，因此，不赞成引进国外成品。当然，也没有人想到，根据空军要求继承K–8飞机特点，研制教8，最终实现新一代教练机满足国内外市场的目标，实现石屏梦寐以求的初衷。

在这个问题上，石屏的态度是坚决的。他认为，既然K–8要走外贸出口这条路，就必须高起点，所有机载设备和包括发动机在内的成附件都必须严格按设计方案要求执行，不能丝毫影响飞机的性能。另外，K–8的研制经费和周期都不允许全部国产化，且不说部分设备国内当前还没有，部分有的也不成熟，这对K–8研制非常不利。因此，石屏坚持走引进道路。

石屏不管争议，他通过中航技立即组织国外成品供应商谈判，并签订技术协议和供货合同。塔康、仪表着陆系统、零–零弹射座椅、电台等国外成品的引进，从根本上确定了K–8飞机先走外销出口的道路。

对于国内成品，由于K–8项目已列入航空工业部计划管理范围内，1987年5月，航空工业部主持召开了成品协调会，国内机载设备厂充分理解洪都资金不足的困难，从长远利益出发，采用少收或不收研制费的办法，原则上“共冒风险、共同投资、共享市场”，共同克服K–8研制上水平与经费不足的矛盾。到1988年，全面落实了国内外成品，先后与41个国内厂家、12个国外厂家签订了技术协议。

飞机设计过程是各种矛盾协调的过程，K–8研制之初，面临着各种压力。由于K–8是新生事物，一部分人是怀着将信将疑的心态，一部分人在技术上有分歧，还有一部分人甚至想开辟新的道路。

K–8研制尚处于方案阶段时，比利时某公司到洪都宣传“鱼鲨”飞机，寻求合作。他们宣称“鱼鲨”有1000架飞机的市场，这个数字让不少人心动，一些人也萌生了与比利时合作生产“鱼鲨”的想法。与此同时，航空业内有单位对美国“超斑马”飞机作调研，想引进后对其进行改进改型，甚至开过方案论证会，洪都也派人参与了讨论。石屏对这些一笑置之，无动于衷。K–8设计工作全面展开后，1987年8月，按协议，巴基斯坦派了一个9人的设计小组常驻洪都，其办公室设在洪都飞机设计所，而设计所也选派了9名技术骨干和他们联系，石屏与巴方设计组组长尤纳斯对口联系，经常交流。巴基斯坦空军使用过大量西方飞机，而且这些军官都是高学历，来自巴空军基地，在飞机的使用与维护方面有着丰富的经验，同时，他们有责任向本国报告K–8的进展情况。中航技告诉石屏如果研制失败，巴方可能会撤资。这无形之中给K–8的研制增加了压力。石屏自己也意识到，要参加国际竞争，压力的确很大。

前进的道路从来都是不平坦的，K–8的研制同样经历了艰难曲折的过程。石屏及总设计师系统的成员都是从强5和初教6走出来的，强5是超声速强击机、初教6是螺旋桨飞机，而K–8是高亚声速飞机，对他们来说，K–8是一个全新的东西，没有经验可循，加上资金、时间有限，战术技术性能要求高，风险大，这一切，石屏心中非常清楚。根据多年来对国外教练机的跟踪和发展经验的总结，石屏认为，在总体水平上，与世界同类型先进教练机的差距不是短时期可以弥补的，这一点必须正视。另外，要达到巴基斯坦提出的“K–8 必须进入国际市场”的要求，必须扬长避短，在总体方案上要有自己的特点，在飞行性能和使用维修性能上创新，在降低生产成本和全寿命费用上下功夫，只有这样，K–8 才有可能在国际市场上占有一席之地。

经过深思熟虑，在石屏的组织下，总设计师系统总结了 K–8 必须达到的 10 项要求，作为设计中处理矛盾的依据，组织攻关，这也成为 K–8 飞机的十大特点。若干年以后，强 5 飞机总设计师、中国工程院院士陆孝彭在给石屏的推荐意见中写道：“K–8 飞机的十大特点是一个创造，应该作为飞机设计的普遍准则。”

当然，要在设计过程中保证这十大特点一一实现，难度很大。比如，为了保证襟翼的效率，襟翼翼展较长，又要不增加重量，设计了 3 个滑轨，并且研究了操纵协调机构，这个机构从木质模型开始，一直到装样机后仍继续试验，定型时才达到成熟程度。又如，一般发动机更换要卸下后机身，过程复杂且要花费很长时间，K–8 飞机在后机身腹部开口，更换发动机只需要 56 分钟。但这要解决发动机安装形式问题，还要解决后机身大舱门、开口等问题，既要快卸，又要保证强度和刚度。经过不断攻关和试验，达到了设计要求。为了减轻重量，提高刚度，设计了蒙皮和桁条及梁共固化的复合材料垂尾，全复合材料部件，当时，属于国内首次采用，这项技术又转移到教 8 上了。

作为总设计师，石屏知道，要像指挥各大兵团作战一样，全面主持工作，方能发挥各专业、各系统、各部门的力量，集中智慧，协调统一。同时，在石屏的组织下，洪都历史上首次成立总设计师系统，石屏还特意推荐了一批有强烈事业心和忘我精神的技术专家，这个系统成为 K–8 研制的中坚力量。

关于成立总设计师系统，是石屏在北京参加风洞试验时，一次偶然的机会在苏联安东诺夫设计局的一本介绍资料上看到的，资料中称总设计师系统是非常重要的，要具有丰富的经验和风险决策能力，能统一思想。要打造一个好的总设计师系统，不比研制一架飞机容易。总设计师系统要不断更新，要将经验和传统继承下去……当看到这段话时，石屏觉得说到他心坎上去了，他一直铭记这段经验之谈。当时便决定在 K–8 项目上组建总设计师系统。在后来的工作中，他特别重视总设计师系统的建设，从 K–8 到教 8，这个系统不断补充更新，有不同个性的同志在石屏的领导下，始终是团结协作，和谐奋斗的班子。每当人们谈到石屏的成就时，他总是说："我感到自豪的是，有一个好的班子，功劳属于我们的集体。"

方案论证、吹风试验等工作全面铺开，设计工作也全面启动。

1987—1988 年，K–8 飞机研制进入了高潮，打样设计、做风洞试验、订购国外成品、详细设计和试验工作都在并行，忙得不亦乐乎。当时大家都有一个共同的信念，成功就是一切，那时候一天工作 12 小时是家常便饭。

石屏和总设计师系统的成员们全身心地投入研制工作，他们鼓足了劲，没日没夜地干着。办公室的灯光经常彻夜不熄，石屏时而

石屏与参加 K–8 飞机设计的巴基斯坦工程师讨论问题（石屏，右 2）

伏案疾书，时而踱步沉思。他在梳理当前有哪些关键设备没有落实，又想下一阶段的工作重点。他提倡一种工作方法：胸有全局，月有计划，周有安排，急事先办。从气动布局、风洞试验到详细设计再到各种试验等，石屏要么是出差协调各系统工作，要么是待在设计室里解决设计难题。每天，他最早上班，晚上大家都下班了，他办公室的灯仍然亮着。

为了 K–8，石屏的生活简单到了极点，他满脑子装的都是 K–8，几乎达到了忘我的境界，甚至还闹出笑话。一次上班来到单位，石屏走在过道上，仍在出神地思考问题，忽然听见同事大叫了一声：“哇，石总，您今天好‘新潮’啊！”石屏猛然醒过神来，一片茫然地问：“怎么啦？”同事说：“您看看脚下。”石屏低头一看，不禁哑然失笑，原来一只脚穿的是布鞋，一只脚穿的是球鞋，他从家里走到单位居然还没有发现。

1987 年 10 月，进行低速选型风洞试验，迎角为 10 度时，机翼出现气流分离。总设计师系统讨论决定，直接在试验现场讨论改进方案，同时提出 3 种机翼方案。

1988 年 1 月，3 种机翼方案的低速、高速风洞选型试验分别在北京和哈尔滨同时进行。需要说明的是，在今天，3 种方案同时吹风是不合乎常理的。但石屏想到，按当时的条件，如果从低速到高速这样逐步做过来，完成 3 个方案需要大半年时间，将严重影响研制进度。当然，由于做过很多方案的试验，心里有数，才敢这样做。

K–8 的创新是全面的，这就需要全面的风险决策能力和决策胆识，也需要始终如一地做好解除风险的严谨细致的工作。石屏兼具这两方面的优点。与同志们商量后，石屏果断决定，打破常规，3 个方案同时进行吹风试验。听到这个决定，试验单位的同志都替石屏担心，从来没有人敢这样做啊。如果弄砸了，可能得不偿失，花费更多的时间。

事实上，石屏心中也有些许担心，毕竟从来没有人这样做过，一旦失败，将严重影响K–8的研制进度。巴方也派人到了风洞试验现场，尤纳斯中校对石屏给予极大支持并对他说，你就按自己的思维去发挥，不要过多参照别国飞机的性能参数，K–8将会是一架好飞机。

在石屏的组织下，两地的参研同志24小时盯着试验过程，那时候，没有先进的通信手段，也没有专用的计算工具，他们就通过一部长途电话，一个一个地通报、记录试验数据，进行手工计算、分析修改。数以万计的数据处理下来，大家连做梦的时候都会报起数字来。经过半个多月的试验，最终获得了3个方案的第一手资料。随后，参试人员聚集北京，根据试验结果对3个方案打分，最终选中了第三个方案，并对根部前缘进行修形，经过部分改进后定为D方案，这个设计方案就是现在K–8的方案。

方案终于确定下来了，石屏和参试人员却整整瘦掉了一圈。1988年2月，距春节只有3天，参试人员才开始陆续返回。石屏的爱人张雪佩是位空气动力工程师，当时两个人都在试验现场。这时，他们才静下心来想想孩子们，他们担忧起来：不知孩子们怎么样了。自试验开始后，他们俩已经把两个孩子扔在家里几个月了。大年三十前两天，夫妻俩还在南归的列车上往回赶。当他们踏进家门的时候，孩子们惊喜地扑向了父母。大办年货已经来不及了。全家人简简单单过了个年，但天伦之乐带来了温馨与满足。孩子们说，能和爸爸妈妈一起过年我们就很高兴了，吃什么都觉得香。

这一方案采用机翼前缘小后掠，后缘前掠较大的梯形机翼。但方案一出，便备受争议。石屏认为，根据风洞试验结果，K–8的机翼气动布局能够兼顾飞行训练中不同速度范围的要求，具有良好的失速特性。但有的专家倾向于后掠机翼方案，以提高临界马赫数。也有专家真诚地提醒石屏：“你这个方案有很大的风险，也许你会因此而失败的。”改还是不改，争论了很久。沉重的压力，坠在石屏的心头。

作为总设计师，在众多不同的意见面前，石屏要做出果断的决定，需要下很大的决心。如果保守一点，听从大家的意见，最多是飞机的性能差一点。但如果坚持自己的判断，万一失败损失是非常惨重的。石屏高度重视来自各个方面的意见，重新审视方案的可靠性，假设着各种状态，进行反复比较，并坚信试验所得出的结论，认为要创新就要有所突破，他想到技术责任制，最终还是坚持了原定的方案。

经过充分试验和反复论证协调，1988 年 5 月完成了方案设计工作，并提交航空工业部评审。由顾诵芬院士等人组成的评审组，对 K–8 方案进行技术评审，并提出了建议。根据专家的建议，总设计师系统决定对存在的问题进行风洞补充试验和方案调整。根据低速风洞试验结论，继续进行前缘修形，将失速迎角增大 2 度。随后，又进行了高速风洞试验，试验发现力矩特性不好。气动专家江积祥发现，模型存在质量问题，平尾安装缝隙过大致使力矩特性不佳。于是重做 1 ∶ 20 高速模型并再次试验，问题解决了。1988 年 8 月，最终完成了选型试验，发出正式外形理论图。

1988—1989 年，石屏先后和分工负责的副总师率队到美国和英国进行 K–8 的发动机畸变试验和电瓶起动试验、环控系统试验、电子飞行仪表系统（EFIS）联试、座椅穿舱试验和旋转天平试验。通过国际合作，石屏深深体会到，K–8 引进国外成品非常有必要，这是一种创新，是一种消化吸收再创新。而这种创新形式，不仅仅提升了 K–8 的性能，提高了 K–8 飞机参与国际竞争的起点，更重要的是，通过 K–8，国内航空工业引进了国外技术，在部分领域大大缩短了与世界先进水平的差距，实现了跨越式进步。例如，通过参与这些试验，洪都获得了涡扇发动机与进气道匹配性设计与试验的完整资料，并熟悉了全过程。通过与意大利马基公司进行旋转天平试验的合作，促成了国内引进旋转天平试验技术。而在美国进行环控系统试验和以 EFIS 为中心的飞行仪表和导航系统的联试，开拓了国内航空的专业视野。后来，引进的成品大部分均已国产，并配装于教 8 飞机上。

早期，由于飞机环控系统的落后，座舱内冬冷夏热，飞行员的飞行经常是一个受煎熬的过程。在这方面，国内也进行过深入研究，并开始研制先进环控系统，但由于技术储备不足，进展缓慢。K–8 采购座舱系统成附件时，也可以选国内环控系统，但总设计师系统权衡再三最终决定选择引进国外先进产品。通过与外商的合作交流，并参加试验，我们掌握了世界先进环控系统的原理及生产研制的关键技术，提升了我们的技术水平。经过深入探索与研究，研制了国产环控系统，这个环控系统装在国产教 8 飞机上，部队反映是当时国内最好的环控系统。

在 K–8 飞机引进马丁公司弹射座椅之前，国内的弹射座椅只能做到低高度 – 小速度弹射。K–8 配装外购弹射座椅后，不仅实现了零高度 – 零速度弹射，而且将这一技术引入国内，使国内弹射座椅的研制水平快速提升了一个台阶。

1989 年 10 月，石屏带领设计人员到美国加雷特公司做发动机畸变试验，一同参加试验的还有巴基斯坦设计组组长尤纳斯。在加雷特公司，石屏第一次看到用网格模拟进气道畸变的试验方法，这种技术当时在我国还处于探索阶段，然而加雷特公司对此却相当熟练。通过试验证明，进气道和发动机在地面的匹配性很好，低温下电瓶起动也是成功的。这样，一直困扰石屏的发动机问题终于有了一个明确的解答。

此次加雷特公司之行，石屏主动向该公司提出发动机交付问题。1989 年，由于受国外武器禁运的影响，美国加雷特公司迟迟没有交付原订的发动机，而此时飞机的样机已经进入总装车间了。到

在美国加雷特公司进行发动机畸变试验（石屏，前排左2）

达加雷特公司，一进管生产的副总裁会议室，石屏便看到桌上放满了K–8的宣传资料，其中有一份资料上说K–8装了2门航炮。石屏质问加雷特公司相关负责人："发动机为什么还不交付？K–8明明是教练机，怎么到了美国就成了战斗机了？"对方回答石屏，他们从航展拿到K–8的宣传资料上，K–8是装了2门航炮的，因此，美国国会怀疑K–8是战斗机并实施制裁。石屏争辩道，K–8从来没有装2门航炮的方案，另外，教练机装武器是用来训练的，美国的教练机也装了武器，你能说它们都是战斗机吗？事情得到了澄清，加雷特公司承诺将与美国国会交涉。由于中航技等的多方交涉，第二年7月，发动机终于运到了南昌。

20世纪80年代中期，可靠性设计理念刚刚引入国内，还未推广开来，我国武器装备的可靠性工程应用还是一片空白，装备的可靠性指标都没有。就是在这种情况下，K–8大胆创新，首次引入全机可靠性、维修性设计理念，编制可靠性、维修性大纲，使 K–8 从设计、生产、管理到售后服务都与国际接轨，为后来的国际化、商业化道路奠定了坚实的基础。

这还得从石屏的细心说起。洪都飞机设计所 104 室主任冯家澍从英国留学回来，他提到可靠性设计这一概念。当时的洪都飞机设计所 106 室副主任龚庆祥对此很感兴趣，石屏便申请将龚庆祥调至所办，让他从事这方面的研究。1986 年底，北航可靠性工程研究所所长、系统工程系主任杨为民教授来洪都作可靠性、维修性报告。石屏参加了报告会，这次报告会给了他很大的震动，他敏锐地意识到，可靠性和维修性将会与飞机性能一样，决定着飞机的竞争力。

要进行可靠性设计，就必须深入用户。1987 年 3 月，石屏请龚庆祥组织所里人员到部队进行外场调研，广泛收集了强 5、歼 6、歼教 5 等飞机故障信息 15000 余条，为可靠性设计工作的展开做准备。5 月，经过对搜集来的信息进行分析、研究后，石屏及总设计师系统慎重决定，从 K–8 方案阶段开始开展可靠性和维修性设计。这在国内是首创。

1987 年 6 月，航空工业部发出《关于聘请 K–8 飞机可靠性设计顾问的通知》，同意聘请北航杨为民以及航空企业和科研院所的顾振中、冯家澍、曾天翔等人为 K–8 飞机可靠性设计顾问。

在这些国内首批可靠性设计专家的指导下，由石屏等人组织编制了 K–8 的可靠性、维修性大纲，确定了 K–8 飞机平均故障间隔飞行小时、完成任务成功率、再次出动机务准备时间、更换发动机时间、一线直接维护工时等 5 项可靠性、维修性设计指标。对飞行仪表、起落架收放系统等重要系统进行余度设计。

维修性要求与飞机结构设计是存在矛盾的，对于如何取舍，如何抉择，总设计师系统犯了难。但石屏非常清楚自己要的是什么，为了达到 K–8 原定的十大特点，石屏坚决支持维修性设计原则。他花了大量心思对维修性进行设计，哪些地方要开快卸口盖，开多少，如何在不影响 K-8 飞机 8000 小时的结构寿命要求的同时，最大程度提高维修性，这些都是设计中要仔细考虑的问题。

根据 K-8 飞机的可靠性和维修性设计要求，全机共开设 134 个口盖，口盖总面积达 22.4 米^2，占飞机总表面积的 27.7%。其中机身口盖 103 个，机身口盖总面积为 13.13 米^2，占机身表面积的 34.6%。58% 以上口盖采用快卸形式，比其他类型飞机均有较大幅度提高。可以说，K-8 飞机除发动机外，其他的维护工作都可以在站立姿态下进行，大大提高了维护的效率。可靠性、维修性设计降低了飞机全寿命使用维护费用，与国外同类飞机相比，一次性购置成本低，飞机效费比高。

20 多年后的今天，当我们从 K-8 以及教 8 飞机的使用反馈情况来看，当时 K-8 从研制阶段就引入可靠性、维修性设计有着非常重大的意义。从某种程度上说，正是因为良好的维修性能，才使得 K-8 在面对强大的竞争对手时，有了自己的优势，打开了国际市场。教 8 飞机的可靠性、维修性设计，在 K-8 的基础上又有了很大的提高，可靠性试验受到了军方的重视。使用维修性好是飞行学院对教 8 飞机的评价之一。

第七章

艰难的研制历程

1988 年 8 月，K–8 进入详细发图阶段。详细发图过程是解决具体工程技术问题的阶段，各系统总师深入到每个组讨论，解决实际问题。与此同时，洪都的农 5A 农林飞机和强 5M 也正处于发图阶段。三机并行研制，分散了 K–8 的领导力量和技术骨干力量，原本在 K–8 线上的部分人员承担了农林机的研制工作，K–8 研制工作一时出现困难。

面对这种情况，为了稳住 K–8 线上的人才队伍，石屏及时组织设计所从事 K–8 的干部开了一次动员大会。会上，石屏详细分析了 K–8 研制面临的困难以及解决办法。他的意见是，K–8 研制要靠总设计师系统分工负责，全厂技术系统协作进行，工作中，要培养大量的技术骨干。有人问石屏，骨干在哪里？石屏说，参加过强 5 原型机研制、参加过强 5 改型机研制、参加过歼 12 研制的人，就会是骨干。

详细发图是一项很细致的协调工作，既要考虑设计的合理性，又要兼顾方案的工艺性。K–8 的设计有十大特点，详细发图过程就是这十大特点具体实施的过程。而为了实现这十大特点，石屏大胆工作，坚持一个原则：质量第一，当进度与质量有矛盾时，坚持进度服从质量。

对于 K–8，石屏的态度是，尽可能用最先进的技术和设备，为此他非常留心学习国外经验。在长期的工作中石屏发现，座舱盖锁的制造工艺很复杂，而且存在不安全因素。有一次，石屏随中航技组团访问新加坡航空公司，他发现一架西方飞机座舱锁的构造比较先进，于是画草图记了下来。回来后，石屏向总设计师系统介绍这种锁，经过研究认为，这种锁不仅容易安装，而且安全可靠。后来，这种锁安装在 K–8 上，并在国内推广开来。

为了满足可靠性设计需求，获得良好的维修性，K–8 采用托装发动机设计，安装或更换发动机时，需要专用设备从后机身开口处向上托装。这种设计在国内是首次采用。洪都飞机设计所地面设备组承担了专用设备的设计任务，经过几个月的反复设计、试用，效果都不理想。后来，飞机总装车间一名工人参照设计原理，根据实践经验，重新制造了一种设备，用它托装发动机，又方便又准确。石屏看了后，当即决定采用这个设计方案，并要求再进行适当改进，作为正式设备编入地面设备清单中。设计所地面设备组辛辛苦苦干了几个月，却被一个工人抢了“风头”。但石屏认为优胜劣汰本是正常，在他心里，一切以 K–8 为重，能为 K–8 带来优秀设计的人都应该支持。

前面讲到，发动机大舱口既要快卸，又要受力，全靠销子锁和钩子锁。设计人员花了很多时间研究这两种锁。锁做出来后，发现和机身安装配合有问题，开始装舱门时，很难装。于是有人“骂骂咧咧”。石屏始终沉住气，只是不断地解释，这确是新东西，不要急，一定可以搞好的。

为了开拓市场，石屏及总设计师系统在评审设计方案时总是择优通过。为了实现“K–8 飞机具有良好的座舱视界”的特点，并保证 K–8 飞机座舱盖刚度，设计了整体座舱盖，用镁合金铸造座舱盖骨架。后来发现，镁合金容易腐蚀，又改为铝合金分段螺栓连接，后来又将座舱盖骨架与座舱盖玻璃的硬连接改为软连接。经过试验，证明座舱盖开启时，在作动器单点支承下不会变形，这才肯定了这种方案。石屏动情地说：“副总设计师马启禄在后机身大舱门和座舱盖骨架上倾注了大量的心血。”

洪都对 K–8 的研制进度提出了严格要求，要在 1988 年底发出所有图样；在这种背景下，K–8 的发图工作显得异常紧张，生产与设计、进度与质量之间的矛盾也非常突出。一部分人主张先发图，完成进度，然后再逐步修改。

对于这种提议，石屏坚决反对，他心里明白，大家都很努力，但结构有大量关键，关键时刻进度必须服从质量，不能有“先发图再改”一说，也不容许 K–8 存在这种情况。在石屏和总设计师系统的坚持下，K–8 的发图时间延长了一个月，最终时间节点为 1989 年 1 月 31 日，这一艰难过程在洪都被称为“89131”高地攻关。

这期间，还有一件事让大家记忆深刻。在画理论模线时，方向舵前缘与中部连接处有折点。有的人为了赶进度，建议设计所通过，但石屏拒绝了。没过多久，石屏受邀参加模线室召开的会议，并请了老前辈出席，要求石屏通过。会上，石屏仍然拒绝通过，他对模线室的同志说：“有人要我计算折点对飞机性能的影响，不用算，这是常识。我也向模线室的前辈请教过，以前的飞机从来没有这种先例。”有人不服气地说：“人家都说行，就你说不行，你这是拖进度。”石屏很气愤，反问道：“谁说我拖进度？谁教你说这样的话？”说罢，头也不回地走了。后来，赞成通过的人向主管质量的副厂长那里反映情况，该厂长表示这种问题不应该有争议，按总设计师的意见办。结果，模线员只花了 4 天就修改好了，而却花了十几天时间来争论。这件事给石屏的印象非常深刻，他感慨地说：完成进度只能通过提高工作效率，不能采用投机取巧的手段。

1988 年 8 月—1989 年 1 月，设计部门组织了发图劳动竞赛。工艺、冶金、标准化部门提前介入，通力协作，在发图的同时进行了图样标准化及工艺审查。据不完全统计，这一阶段共提出各种改进建议上万条，设计部门对此认真进行研究，尽可能将有益建议纳入设计之中。飞机设计所群策群力，最终攻克了 K–8 设计发图关。

发图全部完成后，总设计师系统又组织对图样进行全面质量复查。1989 年 5 月，受航空工业部委托，洪都又组织了详细设计质量评审。评审组认为：“设计方案正确，资料配套，重要原理试验已完成，充分考虑了可靠性和维修性要求，可以投入样机研制。”会上，总设计师系统提出了 K–8 研制过程中存在的 29 个关键问题，并提出解决办法，评审会的最终意见是：将评审组提出的意见和总设计师系统提出的 29 项关键问题进行归纳，所列问题由洪都落实。根据评审会的意见，洪都制定了 149 条措施，保证了 K–8 飞机顺利完成详细设计及后续试飞工作。

1989年3月，K–8进入样机研制阶段，计划投入5架样机，其中01、03、04架用于试飞，02架用于静力试验，05架用于疲劳试验。为确保5架样机顺利完成，毛坯按01架投入，零组件按7架生产，成附件按4架份配套，其中，3架份装机，1架份进行地面模拟试验。

工艺技术准备是K–8样机研制中的关键一仗。为了确保两机并进，工艺技术部门提前介入方案设计、打样设计，在工艺审查的同时，制定工艺方案，进行工装选择等技术准备。

模线样板设计制造是工艺技术准备中的“细脖子”。为了突破模线样板关，洪都大胆采用了CAD/CAM技术，在引进消化UG NX 2.0软件基础上，通过二次开发，逐步建立了K–8全机外形数模，取消全机理论模线，使飞机外形从模拟量传递进入数字量传递新阶段。全机结构模线622米^2，95%采用GSI3278数控绘图机绘制，提高了出图质量并缩短了试制周期。同时，对图模结合也进行了有效探索，开发了接口软件，对全机近10%用计算机绘制的结构图，通过软盘传递给模线室，经适当处理并加上模线标志后，即可在数控绘图机上绘制结构模线，相比以前效率提高了10 ~ 20倍。为了抢时间赶进度，洪都集中骨干力量，加强模线样板工作。经过3个多月的日夜奋战，到1989年7月，模线室完成样板制造，为K–8工艺技术准备打响了第一炮。

恰当选择试制工装是保证样机质量和周期的关键环节，K–8飞机研制共选择专用工装2057项，2674套。为了在最短时间内拿出工装，洪都上下总动员，采用承包等多种形式，在充分调动工装专业队伍积极性的同时，发动生产车间自制工装。此外工艺研究所、摩托车所、工学院及厂属集体企业也投入K–8飞机工装设计制造之中。由于全公司共同努力，终于在1989年6月30日完成零件工装设计任务，7月完成装配工装设计。随后，1989年10月、12月和1990年1月，分别突破零件工装、总装工装和总装工装制造关，为K-8样机研制奠定了基础。

为争时间、抢速度出样机，洪都生产部门精心组织，最大限度地开展并行交叉作业。在打样设计完成后，迅速组织毛坯订货及生产。周期长的零件尽早准备、尽早开工，工装按零件装配顺利供应。生产上采用各种责任承包措施，关键工序3班连续突击。1990年，样机研制进入初装最紧张的阶段，元旦、春节工人们都加班加点战斗在初装线上。初装车间提出“我是洪都人，洪都是我家，不完成K-8初装，决不下火线”的口号。经过近3个月的全力奋战，1990年3月11日01架机身完成装配任务。

在初装阶段，石屏及总设计师系统成员全力跟踪现场，零件生产时，在几个车间设服务点。进入部装时，组织一个服务组，由相关室主任轮流牵头值班。进入总装后，由总师、副总师轮流牵头组织值班。每晚作业会，石屏必到。作为一款全新的试研机，K-8在样机试造阶段难免会发生意想不到的事情，遇上棘手的技术问题，总设计师系统都会第一时间现场处理。技术上开拓创新，充分发挥总设计师系统的集体智慧和力量，调动全体研制人员的积极性，使一大批关键技术获得重大突破。

3月的南昌，春暖花开间还带着几分寒意。自飞机进入总装车间后，总设计师系统每人分管一片，开始现场值班，石屏更是没日没夜地蹲在现场。在总装车间，8小时工作制早被打破了，石屏和很多人一样，除了吃饭睡觉，其余的时间都活跃在总装前线。

在K-8研制过程中，洪都集团重视质量管理，参研的科技人员和工人都能严把质量关，并认真参加质量评审。石屏也很重视质量评审，他要求设计人员暴露问题，求得专家帮助。前起落架振动，引进的液压泵断轴等问题都是在评审意见的启示下解决的。洪都集团先后共组织了5次部级评审，17次公司级评审，参加评审的国内

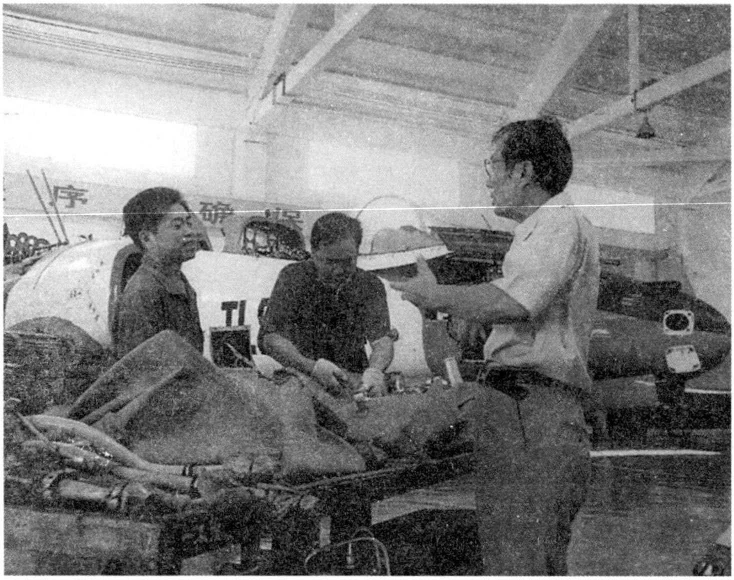

石屏在生产现场

航空界专家累计达 588 人。

此时，由于受国外封锁的影响，K–8 飞机国外成品件迟迟不能如期运到，其中包括发动机等。原本热火朝天的生产线顿时冷清下来，大家很焦急，都出主意想办法。作为总师，石屏自然应该是最为焦虑的人，但石屏显得较为平静。这件事的确出乎石屏的意料，而且是在 K–8 样机研制最为关键的时刻发生了，此时离合同规定的 K–8 首飞时间节点不足 4 个月。

石屏及总设计师系统成员认为这个时候不能“坐等”。洪都上上下下开始寻求新的出路。中航技正在积极争取解除封锁，考虑到原来做过配装国内成品的设计方案，现场总指挥决定 01 架样机先装部分国产化设备，并以这一状态作为 K–8 飞机首飞的状态。

尽管国外成附件还没到货，但大家将各项工作做在前面，如制作成附件模型，提前取制导管、电缆实样等，以便在国外成附件到达后，能以最短的时间完成总装。

时间一天天流逝，转眼间就到了 1990 年 6 月 1 日，这是合同规定 K–8 飞机首飞上天的时间节点。可现在，许多成附件却仍未运到。

1990 年 7 月 10 日，发动机终于成功运到南昌，9 月中旬，大部分成附件到货。在延误了近半年后，K–8 飞机 01 架样机的总装工作才真正进入冲刺阶段。飞机总装车间提出“大干 20 天，总装出车间”的口号，所有人的时间都以分秒来计算，不分昼夜。

10 月 15 日凌晨 4 时，01 架飞机进入试飞站。

10 月是南昌的黄金季节，凌晨 4 时许，天空微微发白，远处依稀能看见飞机跑道边轻轻舞动的青草，路灯下的厂房显得很宁静。站在试飞站机库外，清爽的晨风略带寒意，掠过石屏的面颊，他深吸了一口气，顿时感觉神清气爽，几个月以来的压力与疲惫全被这一阵清风卷走。此时，01 架 K–8 样机已经被工作人员推到了试飞站机库，机务和场务人员随即投入“战斗”，在飞机上爬上爬下检测飞机各系统状态。而承担总装工作的人员慢慢散去，看着他们的身影，石屏心底涌起一股暖流，这些可爱的员工，他们承受了几个月超负荷的压力，全身心地投入工作，几乎是抛家不顾，却没有一丝怨言。

1990 年秋天，K–8 飞机也逐步进入首飞前的准备阶段。在公司级和部级分阶段评审的基础上，1990 年 11 月 13 日起，航空航天工业部总工程师王昂、军机司司长毛德华等领导到洪都组织 K–8 首飞评审，11 月 16 日，签署了评审结论，1990 年 11 月 18 日王昂签署了放飞批准书。

1990 年 11 月 21 日清晨，天空晴朗，能见度高，云层很高，但有微风。8 时过后，天气转阴，风力逐渐增强，气象预报有 4 级风。这种风速对于平时检验飞行是允许的，而对于 K–8 首飞，有人提出异议。王昂总工程师召集飞行站和设计所有关人员研究。鉴于 K–8 飞机有承受 15 米 / 秒侧风着陆的能力，当时的风速最大是 7.9 米 / 秒，因此，决定按时首飞。历经 3 年多的艰辛，中国与巴基斯坦联合研制的新型教练机——K–8，将在这天首飞，向世人亮相。

试飞站前，临时搭建的观礼台已是彩旗飘扬，人群熙攘，主席台上也已嘉宾满座。像所有新机首飞前一样，人们都有意无意地克制着一种急切而有些躁动的心绪，时而相互轻声谈论着什么，时而将期许的目光投向挺立着 K–8 的跑道，使热闹的会场平添了些许紧张的气氛。此刻，坐在主席台上的 K–8 飞机总设计师石屏，清癯的脸上却显得十分的冷静与沉着，这源于他对 K–8 稔熟于心的自信以及对各项工作准备得万无一失的肯定。人们并不知道，在这之前的几天，直到前一天晚上，他和副总师以及可靠性工作人员一道，对总装和试飞站已处理过的问题按分段检查要求，对照处理文件逐项落实，并重点检查运动间隙和试飞员座舱实习情况。这时候，石屏像一个准备充分的考生，静静地等待着临考一刻的到来。

上午 9 时 48 分，当航空航天工业部部长林宗棠一下达放飞的命令，只见早已整装待发的 01 架 K–8 飞机猛地发出了一阵轰鸣，似一只展翅的雄鹰腾空而起，直冲蓝天。

尽情翱翔在蓝天的 K–8 发出了阵阵悦耳的声音，这声音格外动听，简直就像在歌唱一样。跃升、下滑、盘旋、滚转……它那灵巧矫健的身影，潇洒飘逸的动作，在蓝天上画出了一条条优美、流畅的弧线，那种轻松、那种愉悦，像是在长空曼舞。人群中发出了阵阵惊喜的赞叹和欢呼，洋溢着豪放的热情。

经过 18 分钟的飞行，完成了全部动作的 01 架 K–8 飞机平稳地降落并徐徐滑行到副跑道上，停立在主席台前方。两位试飞员走下舷梯，健步来到主席台前，向领导、在场的全体观众庄重地报告："K–8 首飞任务完成，一切良好。"立时鼓号齐鸣，爆竹喧天。成功的巨大喜悦冲去了先前的那点压抑，人们欢呼雀跃相互祝贺，掌声、笑声、欢呼声响彻会场，使整个会场成了庆祝胜利的欢乐海洋。鲜花献给了两位试飞英雄，也献给了石屏这位设计英雄。不善言表的他，热情地和试飞员紧紧地拥抱在一起。

1990 年 K–8 首飞

似十月怀胎，如夏种秋收，历数载春夏秋冬，经一千多个日日夜夜，历经磨难，饱尝艰辛，石屏与其率领的团队，与洪都的全体职工终于迎来了胜利的一天……

首飞后一个多月，空军司令员林虎率队考察洪都，航空航天工业部总工程师王昂陪同，K–8 进行了精彩的飞行表演。林虎司令员看了后很高兴，他指着飞机对身边的石屏说：“K–8 做连续滚转，却不掉高度，这就是好教练机呀！”观看表演后，空军便与洪都讨论了 K–8 国内立项的问题。

随后，在洪都举行了 K–8 飞机对外首飞仪式和新闻发布会。国防科工委副主任谢光，江西省省长吴官正、副省长蒋祝平，航空航天工业部部长林宗棠、总工程师王昂及有关领导，巴基斯坦空军第一参谋长马劳德·哈蒂中将，巴基斯坦国防部军工生产秘书阿克塔桑·汗博士，巴基斯坦航空联合体总经理泽迪少将以及美国、意大利的供应商及外宾出席了首飞仪式。仪式结束后，中巴联合举行了新闻发布会。

至此，中巴合作研制生产的 K–8 新型喷气式基础教练机正式进入公众的视野，开始实现飞出国门、翱翔世界的鸿鹄之志。

首飞的确是一个具有标志性意义的成功，但对石屏来说，搞科研的人心中永远没有炫目的终点，只有初始的起点。一次阶段性的成功只是一个过程，鲜花和赞美已成往事，他现在想的是如何迎接新的挑战。

K–8 首飞成功后，01 架样机转入试飞阶段，进行调整试飞和鉴定试飞。随后，03 架、04 架样机也陆续在 1991 年 10 月和 12 月完成首飞，随即投入试飞阶段。

K–8 的鉴定试飞工作是在洪都内部完成的，由于科研经费少，K–8 飞机又是一型自筹资金研制的飞机，所以洪都自行组织了 K–8 的鉴定试飞工作。石屏是试飞领导小组成员，他经常到试飞现场配合试飞工作。在调整试飞和鉴定试飞过程中，不断有国外考察团来洪都商谈业务，这期间，K–8 除了完成科研试飞课目，还要不间断地进行飞行表演。

担任试飞任务的是空军第四试飞大队，K–8 的鉴定试飞主要完成了调整试飞和飞机性能试飞、操稳试飞、尾旋试飞、军械火控系统功能试飞、飞机系统试飞等课目。航空航天工业部试飞局和试飞院派员前来协助。

对于飞机研制来说，每一个阶段，都是不断对设计进行改进和完善的过程，直到飞机停产之前，改进与完善将不间断地进行下去。为了实现总设计师石屏提出的 K–8 飞机十大设计特点，在两年的试飞中，K–8 飞机不断试验，不断发现问题，解决问题，并进行技术攻关，不断优化方案，在这个过程中，遭遇过挫折，也经历过失败。

在试飞过程中发现，K–8 的前起落架经常出现频率较高的抖动。起初，用机械的方法排除，但无法彻底解决问题。后来，石屏请来国内知名专家会诊，得出的结论是，起落架各个安装点有间隙，有可能是间隙引起的抖动。然而间隙减小后仍未排除抖动现象。一次偶然的机会，石屏向美国加雷特公司派来洪都进行发动机服务的老专家咨询，问及是否见过前起落架抖动的现象，专家称，问题出在轮胎上。石屏赶紧到样机库里研究了一架美国 A–37 飞机的轮胎，顿时恍然大悟。原来，A–37 轮胎的剖面是方形的，与地面接触面积大，阻尼大，而 K–8 轮胎的剖面是圆形的，阻尼小，无法阻止因间隙产生的抖动。知道了原理，石屏立即请承制厂做出类似 A–37 的轮胎装上飞机后，这个问题迎刃而解。

K–8 飞机采用国产电子防滑刹车系统，该系统装在飞机上，在飞机地面滑行时没有刹车功能。为了首飞安全，首飞时不启用该系统，由飞行员直接刹车，刹车力由飞行员控制，有的飞机员对这种刹车方式提出了尖锐的批评，后来更改刹车机构，改为二级刹车，问题缓解了。与成品厂多次讨论电子防滑刹车系统，成品厂做出了很大努力，飞机多次地面滑行测试，却没有进展。这个系统在国内飞机上已经使用过，应该是一种成熟的系统。为了弄清楚这个问题，石屏借到《电子防滑系统设计》从头至尾仔细地看了一遍，这才弄明白。原来，要完全掌握电子防滑系统，就必须先知道飞机在着陆过程中主轮胎和地面摩擦力矩随飞机升力变化的规律，然后进行相应的处理。后来，石屏与承制厂深入讨论后才知道，这个系统并不是为 K–8 专门设计的，而是从国外大飞机上引进的系统，这种与大飞机匹配的系统用到国内大飞机上是成功的，但用到 K–8 这种小飞机上就不适用了。了解到这些情况后，石屏立即决定停用这个系统。后来，中航技从俄罗斯引进了电磁防滑系统，从而解决了这个困扰了石屏一年多的问题。这个系统已经国产。

经过长时间的攻关石屏发现，很多认为不会出问题的地方不加注意，结果都出了问题。因此，他总结出一个道理，成品问题是飞机设计时要注意的，成品出了问题，就是飞机出了问题，必须引起重视。

有一次，石屏刚出差回厂，第二天，K–8 飞机做地面滑行试验。在机场，石屏看见飞机在滑行中，前起落架发生摆振，前轮胎都磨坏了，石屏意识到情况的严重性。

飞行员葛顺一下飞机，便生气地大声训斥，他也不顾总设计师的面子，大声训斥着石屏。众目睽睽之下，石屏不反驳也不回避，石屏认为，这件事自己的确需要负一部分责任，飞行员责备自己可以理解，更何况飞行员也是为了保证 K–8 飞机的质量。

原来，前起落架减摆器是减摆和转向功能合一的。这次滑行试验本来是要解决转向机构回中的问题，由于加装电磁开关位置不当，没有按规定做试验，就贸然在飞机上做滑行试验，因漏油造成摆振。事后，主管这项工作的同志主动向石屏作检讨承认自己没有把握好试验。

在试飞过程中，任何一个小小的故障和问题都关系到 K–8 的安全和研制信心，决不容许有丝毫的疏忽和差错。在工作中，有和风细雨的讨论，也有各抒己见、面红耳赤的争论，当然，也有严肃的批评……但更多的时间，大家是夜以继日地协同作战，兢兢业业，一丝不苟，关键数据、关键工艺、技术难点都经过反复核算，认真研究，希望能早日实现 K–8 飞出国门、翱翔世界的愿望。

过后，石屏组织了专门攻关，问题很快就解决了。

这样的攻关，石屏经历过多次了。在这两年多里，他和总设计师系统带领着科研人员时刻保持着临战的姿态。碰到问题，先查资料，再现场弄清情况，研究方案，进行计算和试验。只是把问题排除了还不够，必须通过试验复算，找到原因，并能从原理上解释，才能作结论。

连续熬夜加班后回到家，石屏经常会头痛，每到这个时候，石屏会拿出自己的小收录机听听音乐，这个小收录机是 1984 年石屏第一次出国的时候花 30 美元买来的，一直用到现在。听听音乐，头痛会缓解很多。

沉浸在不断的追求之中，心无旁骛。但不断出现的问题使得靠生活有规律以保证健康的石屏已经没有正常的作息时间，也没有时间锻炼身体，60多岁的人，终于扛不住了。1993年4月，石屏的妻子出差去了，石屏感觉不舒服，发着低烧，他以为扛一扛也就过去了，仍然早出晚归，上班工作。这天晚上，儿子石晓宁下班回家，发现父亲躺在床上，盖着两床被子，正在发烧，极其虚弱，边上一滩铁锈色的血迹。儿子着急了，问爸爸："您怎么啦？"石屏用微弱的声音说道："我动不了了，没想到这么严重，咳出了血，估计是急性肺炎。"这时，外面正下着倾盆大雨，雷电交加，家门口连一辆的士都找不到。晓宁向父亲建议："让所里派一辆车来吧。"石屏摇摇头说，这么晚人家都睡了。于是父子俩披上雨衣，深一脚浅一脚地走到医院。打完针，已经到了凌晨1点多了。第二天，烧还没退下来，只好住院。石屏向儿子再三叮嘱，不要让单位知道，免得同事来看望，影响工作。妻子出差回来，一下火车就匆匆赶到了医院。听儿子说起当时的情况，妻子的眼泪都下来了，她抚摸着石屏发烫的额头，埋怨道："你怎么这么不爱惜自己，这可是第二次了！"

尽管长期处于紧张的工作状态下，石屏总是在追求希望，他沉浸在自己的世界里，他的世界很简单，也很纯粹。

在试飞过程中，设计试验也在同步穿插进行。设计试验是验证设计方案，确保研制质量的重要环节，这个过程相当漫长，不同的试验贯穿K–8研制的不同阶段，K–8进行尾旋试飞课目就是一个典型的例子。

尾旋是飞机的迎角超过临界迎角后，发生的一种连续的自动的旋转运动，是飞机的一种非可控状态。飞机进入尾旋状态必须尽快改出，否则就会机毁人亡。据统计，飞机在机动飞行时失去控制，有 65% 以上是飞机进入尾旋造成的。正常情况下，应尽量避免进入尾旋，但为了训练飞行员遇到尾旋时的处理能力及研究尾旋的改出方法，某些机动性较高的飞机，如歼击机、教练机，需进行尾旋试飞，允许有意进入尾旋。新飞机尾旋试飞中，需装反尾旋装置，当遇到改出困难时，借助反尾旋装置帮助改出。

对于 K-8 飞机来说，尾旋试飞是个难题，风险大，属于一类风险试飞课目。但 K-8 飞机设计鉴定前必须完成尾旋试飞，而尾旋风洞试验和反尾旋装置成为关键。

1987 年 12 月，意大利马基公司飞机总设计师巴佐基一行 6 人访问洪都并介绍了 MB-339 飞机，意欲寻求合作。

MB-339 是意大利马基公司为意大利空军研制的教练 / 攻击机，1978 年 7 月首次试飞，1979 年 8 月开始服役，主要有 MB-339A、MB-339B、MB-339K、MB-339C 等型别。除 MB-339K 为单座对地攻击型外，其他几种双座型别主要用于训练，同时兼备对地攻击、近距空中支援等作战功能。该机除在意大利空军使用外，还出口到阿根廷、秘鲁、马来西亚、阿联酋、尼日利亚以及新西兰等国。

巴佐基此行的目的是推介 MB-339 飞机，希望 K-8 采用该机成果，并推荐采用 MB-339 的座舱设计。而洪都希望与该公司合作进行旋转天平风洞试验及尾旋试飞，会谈结束后，双方签署了备忘录。

1989 年 7 月，K-8 飞机在马基公司免费完成了旋转天平风洞试验。通过试验，证明 K-8 飞机气动设计是成功的。按备忘录规定，双方还将继续尾旋试飞合作，然而马基公司却拒绝继续讨论技术合作的事情，他们的答复是：K-8 飞机是竞争对手，不能协助完成尾旋试飞。

遭到马基公司拒绝后，洪都迅速寻求新的合作伙伴。不久，通过中航技的积极争取，俄罗斯飞行研究院针对 K-8 进行了详细的尾旋数据预测，最后表示愿意参与 K-8 飞机尾旋试飞的合作。由于洪都在国内进行了大量的大迎角风洞试验，取得了振动动导数，在马基公司又获得了旋转天平试验的旋转动导数，根据试验数据进行了大量尾旋特性计算预测，具备了与俄罗斯飞行研究院合作的条件。与俄方的合作方式有两种，一是请俄罗斯试飞员携带反尾旋火箭来华完成试飞；二是向俄方采购反尾旋火箭，由中国试飞员完成尾旋试飞。

当时，选择哪种合作方式是存在争议的。20 世纪 70 年代，尽管我国有一批飞行员飞过尾旋课目，但他们却从来没有在我国自行设计生产的飞机上飞过尾旋课目。K–8 飞机进行尾旋试飞时，国内一位特级飞行员主动提出想在 K–8 上飞这个课目。因此，当时有不少人主张选择第二种方案。然而，石屏却不同意这种方案。他组织召开了总设计师系统会议，针对这个问题专门讨论解决方案。最终，总设计师系统认为，直接采购反尾旋火箭的可能性不大，同时新研飞机进行尾旋试验风险大，为确保安全，决定由俄方试飞员完成。

1992 年 11 月，俄罗斯飞行研究院副院长罗伯斯带队，试飞员携带反尾旋火箭来到洪都。罗伯斯飞过很多飞机的尾旋课目，他也没做什么准备工作，说飞就飞，很快就摸清了 K–8 的机动性能及尾旋特性。他的结论是，K–8 飞机性能很好，可以进行尾旋试验。将尾旋试飞任务交给随行的试飞员后，罗伯斯便放心地回国去了。

由于准备充分，尾旋试验迅速展开。在一个月时间里，俄罗斯 2 名飞行员劳巴斯·列奥尼特和佩斯佳斯脱洛夫·亚历山大配合，完成了尾旋试飞大纲规定的所有任务。经过 20 个架次的试飞，进入失速状态 103 次，进入尾旋状态 77 次，验证了失速特性，获得了不同飞行条件下尾旋模态和改出方式。试飞结论表明，K–8 飞机具有良好的失速特性，飞机进入失速后出现的倾斜和偏航发展缓慢，很容易克服，不会自动进入尾旋。当操纵杆置于改出位置后，飞机能很快回到正常飞行状态，这种特性对于教练机是非常有利的。飞机可强迫操纵进入尾旋，试飞也表明 K–8 飞机具有稳定的正尾旋和不稳定的倒飞尾旋，不同形态的尾旋均有良好的改出特性，采用标准改出方法均能有效地改出尾旋。

K-8 飞机在研制阶段完成尾旋鉴定试飞，这在我国喷气式飞机研制史上是绝无仅有的。尾旋试飞的完成，为设计鉴定创造了有利条件。通过与俄罗斯的合作和俄方飞行员的带飞，为我国飞行员进行国产型教 8 飞机的尾旋飞行打下了基础。

1992 年，K-8 飞机进行尾旋试飞期间，石屏等与俄罗斯试飞员合影（石屏，第 2 排左 4）

1991 年 5 月，K-8 飞机进行了第一次全机静强度试验，这项试验是验证结构是否合理的关键试验，也是对飞机结构的大考验。但当口令叫到加载至 95% 时，轰隆一声巨响，机翼突然折断，试验被迫终止，试验现场笼罩着失败的情绪。主管设计人员内疚自责。一开始，石屏也惊呆了，这完全出乎他的意料，但他很快就冷静下来。自己是总设计师，面对挫折应该实事求是，认真对待。石屏迅速组织现场排查。经过反复查找原因，分析确认，由于 1 肋和 2 肋对前后梁之间的整体油箱上壁（整体壁板）支撑刚度较弱，左右壁板对缝连接过渡区较短，造成壁板失稳，导致试验时机翼破坏。得知这一结论后，石屏长舒了一口气，悬着的心才放下来。石屏向大家宣布，这属于设计中的正常偏离，在科学试验中也是很常见的事情，大家要实事求是地看待。加载到 95%，实际到达的载荷要小，要认真分析试验数据。根据实测载荷，加强 1 肋、2 肋并改善壁板对缝连接。

同年 12 月，经过改进后，进行了第二次试验。试验时，不少人心里仍然忐忑不安，尤其是当飞机又加载到了 95% 时，主管技术人员都不敢抬头看飞机，上一次的那一声轰隆巨响给他们的印象实在是太深刻了。当加载到 100% 的命令发出后，全场一片寂静，时间仿佛凝固了，人们的心跳声都能听见，每一位同志的眼睛都紧盯着压力表，96、97、98、99、100，安静等待着。

等卸载命令发出后好一会儿，大家才回过神来，情况稳定，一切正常！不知谁喊了一句“成功了！”顿时，试验现场响起了雷鸣般的掌声和欢呼声。在场的中巴双方参研人员兴奋地互相拥抱，互相祝贺。刚才还鼓励大家不要紧张的石屏，此时，却感到全身的衣服都快湿透了。

这件事给石屏留下的印象太深刻了，当然也给质量部门的同志以同样深刻的印象。很多同志认为这是一次质量事故，石屏却坚持否认这一论断。时值原中航技副总经理江同考察洪都，得知此事后，江同发表看法认为，这是正常的科研失败，不应定性为质量事故。后来在设计鉴定时，又有人提及此事，石屏据理力争，在会议现场他当着所有人的面说：“如果认为这是质量事故，那以后谁还敢搞设计！”在 K–8 的试验工作中，石屏始终坚持一个原则，那就是“实事求是”。他认为，作为科研人员，无论试验结果是好是坏，实事求是是促进工作的最关键因素，也是科研人员须具备的最重要的素质之一。石屏认为，一项大工程的中间试验是允许失败的，如果不承认这一点，就很难有创新。

1991年，洪都进入不惑之年，厂里举行了隆重的40周年厂庆。

南昌的5月是一年之中最温和、最美好的季节。18日晚，数千名职工欢聚厂体育场，举行了隆重的庆祝大会。正是皓月当空，繁星点点，风清树摇，夜雾轻绕，灯影晃动……月光透过道路两旁幽暗的树枝，照亮了广场的每个角落，阵阵微风吹拂，这是一个让人舒适的夜晚。江西省领导吴官正、马世昌、舒圣佑等出席庆祝大会，航空航天工业部副部长何文治、国家劳动部副部长李沛瑶等专程从北京赶来庆贺。

体育场人头攒动，现场气氛非常热烈，这是洪都人难得的大聚会，庆祝大会持续了两个多小时。结束的时候，天还不算晚，石屏走在厂区幽静的小道上，回想着今天庆祝大会上的细节，不禁也感慨起来。

洪都成立于1951年4月23日，是国家“一五”期间156项重点建设工程之一，也是新中国航空工业最早建立的飞机制造基地之一。40年来，洪都几代人艰苦开拓、致力于中国航空工业的发展壮大，从无到有，走过了一条由修理到仿制，由仿制到自行研制的发展历程，自行研制生产教练机、强击机、歼击机、农林飞机四大系列20多个型号4000余架飞机（其中出口各类型飞机400多架），数十亿元的民用机电产品。洪都创造了中国航空工业史上的八个“第一”，是国家重点扶持的520家大型企业之一，也是我国教练机、强击机、轻型通用飞机的科研生产基地，为我国的国防建设和经济发展做出了重大贡献。

自1956年从南航毕业后，石屏便分配到洪都工作。这么多年来，他待在一个地方，只做了一件事，那就是研制属于中国自己的飞机，主要是教练机。从最初的设计员、设计组长到设计所副所长，长期的一线工作实践使他积累了总体设计、强度设计、测绘、试验以及工艺研究等工作经验，石屏要使这些经验发挥作用，通过它们，把对党的无限忠诚，对祖国的无限热爱，对航空事业的崇高理想，化作执着的追求、创新的力量、不懈的攀登。

经过两年多的试飞，K–8 飞机 01、03、04 架飞行 470 多个架次，共计 373 小时。经过 7.57、–2.5 大过载试飞以及 20 架次的失速 / 尾旋试飞，K–8 的结构强度以及飞行性能得到证实。1992 年 11 月，K–8 完成鉴定试飞。

1992 年 12 月 11 日，航空航天工业部主持设计技术鉴定，设计鉴定委员会的意见是：K–8 飞机气动布局合理，各系统原理正确，工作可靠，操稳性能良好，飞机基本性能达到指标要求，其综合性能优于目前同类教练机，填补了我国基础教练机的空白，喷气教练机设计是成功的。

这份意见是对石屏多年付出的极大肯定，是对在艰难困苦中拼搏奋进的洪都人的最大认可。K–8 飞机从 1982 年方案论证到 1992 年设计鉴定，经历了十年辛苦，十年坎坷。

第八章

飞出国门 翱翔世界

通过设计鉴定，就意味着K–8具备走向市场的资格了。1992年，K–8投入批产，中航技首先订购了100架，巴基斯坦成为K–8的第一个国外用户。

1994年春节，6架出口巴基斯坦的K–8飞机正处于零件制造阶段，为确保交付进度，洪都抓得很紧，大年初一总工程师率队到各个单位检查零件生产情况。进入总装阶段后，石屏便派了6名设计人员从始至终配合总装、试飞，这在以前是没有过的。1994年9月21日，首批出口巴基斯坦的6架K–8在洪都举行了隆重的交付仪式。中国航空工业总公司副总经理王昂和巴基斯坦空军总参谋长法罗克上将出席了交付仪式。此前的6名设计员将跟随K–8远赴巴基斯坦，进行K–8的前期服务保障工作。一种新的机型，国内尚且没有用过，便直接销售到国外，石屏的心是悬着的。如果是在国内，什么事情都好办；可在国外，一旦出了事故，那将会影响K–8的前途。出于这个考虑，石屏安排了6名设计员跟产，熟悉飞机后，参加巴基斯坦K–8服务组。

1995年1月25日，在伊斯兰堡以西约100千米的利萨普尔空

石屏与第一期赴巴基斯坦K–8飞机服务人员合影（石屏，左4）

军学院，巴基斯坦总理贝·布托将K–8飞机的证书郑重地交给了学院的飞行中队长，标志着中巴两国合作研制的K–8飞机首批6架正式编入巴空军服役。

利萨普尔空军学院广场上气氛热烈，彩旗飘扬，仪仗队演奏起欢快的乐曲，两架红蓝白相间的K–8飞机成为来宾眼中的焦点。贝·布托总理发表了热情洋溢的讲话，她表示K–8喷气式教练机服役是巴基斯坦及其空军历史上的里程碑，也是中巴两国长期合作的标志，兄弟般友好关系的典范。在空军参谋长阿巴斯上将的陪同下，贝·布托总理兴致勃勃地参观了K–8飞机，她走到了飞机旁，轻轻地抚摸，然后登上舷梯，跨入了座舱，并说:“看到它真令人愉快！”

随后，K–8进行了飞行表演，4架飞机翱翔蓝天，时而成菱形梯队，时而排成一字，变化无穷。单机表演更是扣人心弦，翻滚飞行、垂直爬升、倒飞等特技飞行，观众席中不断发出阵阵惊叹。贝·布托总理戴着眼镜，面带笑容，看得很认真。

1995年3月23日，巴基斯坦各界在伊斯兰堡总统府前的真纳大道上举行了盛大的阅兵仪式，庆祝巴基斯坦《独立宣言》发表55周年。K–8教练机在阅兵式上最后亮相，飞机先是低空缓缓平飞，向参加阅兵式的军政要人、外国驻巴使节和观众致意，继而侧飞转弯，进行特技飞行。垂直跃升、横滚跃升、筋斗、水平横滚、倒飞、俯冲急跃升、低空大速度通场……巴基斯坦飞行员的飞行动作干净利落，一气呵成，令人眼花缭乱。

“太棒了！”观众台上的观众连连称赞。巴基斯坦总统莱加里、总理贝·布托、国防部长米拉尼和三军将领翘首仰望蓝天，兴奋得不断鼓掌。10分钟左右的精彩表演，K–8飞机尽展风采。

1995年，石屏到巴基斯坦看望现场服务人员，得知飞机一直很稳定，石屏很高兴。问到6名设计员的情况时，他们反映压力太大，甚至有人提出回国的要求。石屏给他们打气，鼓励他们好好干。事实证明，石屏的这个举措是正确的。6名设计人员在巴基斯坦承担了多专业、多系统的工作，通过长期历练，这些人后来都成为了技术骨干。

K–8交付巴基斯坦后，在使用过程中，根据巴方提出的要求，又对K–8进行了改进。例如，巴方提出K–8飞机定期更换的零件多达30项，石屏组织专家对定期更换零件进行逐项研究，根据飞行中的表现，最后将定期更换零件减少至10多项，大大方便了维护。

在使用过程中，K–8也暴露出一些问题，通过改进，进一步完善了K–8的性能。首批6架K–8的首次翻修寿命定为2000小时，这是根据寿命计算和服务组凭借经验观察确定的，并没有进行过定寿试验。在使用过程中，经过1000多小时后，飞机机翼中部前缘翼肋和前梁局部发生变形。针对这个问题，石屏带领结构强度专业的人员到巴基斯坦进行攻关，通过加强结构，解决了这个问题。后来，飞机一直到2000小时没出现过问题。石屏回国后，签发文件，将K–8飞机及教8飞机全部更改。

交付首批6架飞机后，在接下来的3 ~ 4年时间里，K–8一直处于市场销售低迷期。K–8的低迷直接影响了洪都的发展，作为洪都的“希望工程”，K–8是自筹资金研制的飞机，如果没有市场，就意味着前期投入得不到回报。

然而，在20世纪90年代中国航空工业国际化进程刚刚开始的历史背景下，K–8要打开国际市场谈何容易。卖飞机，这对石屏来说同样是一个难题，而且是一个束手无策的难题。

早在20世纪50年代末，中国航空工业就开始向国外输出产品，但那时一直是无偿援助。到70年代末，中国向17个国家无偿援助了数以千计的飞机及发动机，对这些国家加强国防力量起到了巨大的作用。由于飞机制造需要耗费大量资金，中国作为一个发展中国家，无偿对外援助自然难以持久。因此，1979年1月，实行改革开放之后，中国政府决定把无偿援助改为有偿服务。从这一年开始，才正式有了飞机出口贸易。从此，中国航空产品的外贸出口进入了新时期。

航展是世界航空航天企业开展技术交流和经贸合作的重要平台。作为外销机，参加航展是 K–8 走出国门的必经之路。从 1992 年开始，K–8 先后 10 多次参加国内外大型航展，开始了漫长的推介之路。

1992 年，对石屏和 K–8 来说有着不一般的意义。这一年 2 月，K–8 设计鉴定尚未完成就参加了新加坡航展，正式迈出走出国门、翱翔世界的第一步，也是 K–8 寻求商业价值的开端。

新加坡航展是与法国巴黎航展、英国范堡罗航展齐名的世界三大航展之一。对于这种世界级航展盛会，各国都视为是展示国家航空科技实力的窗口，十分重视。在历届航展上，空中竞技的都是西方发达国家的飞机，我国参加国际航展的只有飞机模型和几架静态参展飞机。这一次，中国设计制造的 K–8 第一次在航展上进行飞行表演。

1992 年，K–8 飞机参加新加坡航展出发前

1992 年 2 月 12 日，春寒料峭的日子，04 架 K–8 飞机由洪都青云谱机场起飞，途经桂林、昆明，泰国万象、曼谷、禾艾，抵达新

加坡樟宜机场，参加在新加坡举行的第六届亚洲航空展览会。石屏与机组人员带保障设备乘肩负导航任务的小客机随往。

新加坡樟宜机场花团锦簇，人头攒动，机场上停放了来自众多国家和地区的几十架五颜六色的飞机。按规定，参加飞行表演首先要经过资格审查。经过排序，捷克斯洛伐克的 L–39 教练机排在 K–8 飞机前面。L–39 是 K–8 飞机的主要竞争对手，在国际市场上已独领风骚多年，与 K–8 飞机的性能和用途十分相似，东欧各国已装备了 3000 多架此款飞机。

在世界瞩目的盛会上，我们的飞行员和机组人员都意识到必须严格认真，周到细致，满怀信心，做到万无一失。试飞员葛顺和王国民参加了这次飞行表演，他们向着蓝天暗暗宣誓："一定要实现零的突破，飞出国威，飞出军威，为中华民族争光！"

航展资格审查开始了。"中国起飞！"指挥员下令。"明白，中国起飞！"王国民用英语回答。

K–8 飞机开始加速。突然，刚才还闪亮的一个显示器屏幕一下子失去了显示，葛顺的心里不禁一惊，怎么办？两人明白，按照航展规定，如果在 10 秒之内不能起飞，就会失去表演资格。

"检查发动机工作情况。"葛顺沉着冷静地说。他快速扫视了一遍座舱内其他仪表，立即判断出是计算机自动调整出了故障。按照应急方案，他毫不犹豫地将发动机油门猛地推了上去，故障顺利排除了，飞机带着柔和的啸声，如离弦之箭直刺苍穹。

蓝天丽日下，K–8 一个漂亮的切入，直冲大地。近些！再近些！

在航展上表演的 K–8 飞机

距离地面仅60米，机身上鲜艳的五星红旗清晰可见，此时，观众席静得出奇。猛地，飞机迅速拉起，又一下子直上云霄，翻一个筋斗，机尾的白烟拖出一个硕大的圆弧。

还没等观众反应过来，平飞的飞机跳起了“空中迪斯科”等高度自转，90度！180度！270度！360度！瞬间定位，干净利落。K–8飞机列入飞行表演名单。

中国K–8飞机的精彩表演，令各国航空专家惊叹。作为最新研制的机型，只有K–8飞机参加了表演，并且赢得了“亚洲明星”的美誉。

在接下来的几天里，K–8共进行了10个架次的飞行表演。这次航展给石屏留下最深刻印象的是，中国航空工业需要世界，世界也需要中国航空工业。航展期间，每天上午进行飞行表演，石屏下午便站在飞机旁向人们介绍K–8飞机。很多新加坡华人第一次看到中国的飞机，非常意外，非常惊喜，他们围着K–8仔细地看，不时地摸一摸，向石屏询问飞机的情况，纷纷邀请石屏与他们一起在飞机前合影。

当时，中国台湾展台离中航技展台不远，很多华侨看到后感慨地说，什么台湾，什么大陆，都是一家，都是中华民族的一部分。从这些华人华侨身上，石屏感受到了浓烈的爱国情怀，看着这些漂泊异国他乡的同胞们流露出来的自豪与骄傲，石屏更加坚信中国需要强大的航空工业，石屏愿为这一理想而奋斗不息。

由于K–8是中国首次参加国外航展做表演的飞机，因此受到了明星般的礼遇，国际航空界尤其关注，K–8也被誉为“东南亚上空的鹰”，石屏自然也成了备受关注的焦点，接受了来自国内外记者的采访。《日本经济日报》的记者采访石屏，问道：“美国有一个JPAS计划（联合教练机训练系统计划），请问你们是否愿意参加？”石屏知道，尽管K–8已经满足参与条件，但美国不可能让中国平等参与这个计划，于是他回答说：“如果美国跟我们谈，事情可以商量。”

在国外，石屏会像一个外交家一样，时刻保持一颗敏感而自尊的中国心。

新加坡航展结束后，K–8 飞机由樟宜机场起飞，途经禾艾、曼谷抵达缅甸首都仰光，在仰光机场由我方试飞员带缅甸飞行员飞行了 3 个架次。

3 月 6 日，K–8 由仰光机场起飞，途经吉大港抵达孟加拉国首都达卡，在达卡机场由我方试飞员、巴方飞行员以及孟加拉国飞行员先后进行了 3 个架次的飞行表演。

3 月 10 日，飞机由达卡机场起飞，途经仰光、万象，到昆明经过休整后，于 4 月 1 日途径长沙安全返回南昌青云谱机场。历时 49 天，飞行 11300 余千米，K–8 胜利完成了新加坡航展和在缅甸、孟加拉国的飞行表演任务。在一个多月的“东南亚万里行”过程中，K–8 的表现相当出色。

在异国他乡，受人员、设备等的限制，飞机维护起来相对要困难得多，加上航展期间飞行任务重，因此，“东南亚万里行”对 K–8 的维修性是一个重大的考验。但 K–8 凭借设计之初实施的可靠性和

1992 年，石屏在新加坡航展上，与英国《飞行》杂志总编合影

维修性设计，成功经受住了考验。比如，飞机拆装发动机时只须拆装 3 个固定点和少量几根管路、导线，且机务人员无须担心将工具等物品掉进发动机，更换发动机时无须脱后机身，从机身下托装即可，换装发动机仅需 56 分钟；飞机上各专业的设备、机件基本做到了分舱、单层布局，避免维护时交错作业和重复拆装；综合告警装置能监视机上重要系统工作状态，地勤可有针对性地排故，减少普查工作量；日常保障工作如充、填、加、挂，实现了机械化，气液储存有直观显示；电子飞行仪表综合显示系统能直观显示许多飞行参数，且拆装方便快速，地面维护检查工作量少等。

今天，我们来提飞机的可靠性设计并不为奇，然而 20 年前，这在国内航空工业中，具有相当突出的优势。事实也证明，K–8 的维修性大大优于强 5、歼 6、歼 7 等机种。

1996 年首届珠海航展时，K–8 进行了尾冲机动表演。当时，已任空军某试飞大队副大队长的魏炳彦和试飞员梁安国，驾驶着新一代 K–8 型教练机出现在航展现场。

“迎角 70 度，速度指 0，飞机瞬间静止，随后沿原先爬升的轨迹下滑……”

“是尾冲动作！”观众席上有一些“内行人”惊喜地喊出了声。

“太棒了！”在场的中外航空界专家竖起了大拇指，连连称赞。

特别值得一提的是，在大多数同样类型的教练机中，K–8 是少数能够完成尾冲机动的机种之一。尾冲机动最早由苏 –27、米格 –29 在航展中表演成名，其过程是飞机先大角度爬升，发动机推力不增大，当飞机到达顶点时速度减为 0，自由向后下方滑降，机头逐渐转向至下降方向，然后飞机推力增大增速至改出机动。这个机动对飞机本身的要求较高，主要有两个方面：一是飞机的大迎角性能必须很好。因为飞机在接近顶点的过程中速度逐渐降低，而迎角越来越大，此时已经处于失速状态，如果飞机的大迎角性能不佳，则飞机很有可能过早失去控制并进入螺旋。二是飞机的稳定性要好。若稳定性不好，则飞机速度为 0 后接下来的状态不可预料，因为此时飞机机翼已经没有升力，也没有任何舵面效应，基本只受到重力的影响，若飞机设计得好，则可以按照预定的姿态下降，从而使飞行员能够操纵飞机改出失速状态。

从尾冲机动可以看出，K–8 飞机的大迎角性能和低速性能都是非常出众的。K–8 飞机在设计之初就考虑到了大迎角性能，据石屏介绍，当初在机翼选型时，采用了翼根前缘修形，这种机翼加工要复杂一些，但能够增大失速迎角。

K–8 令世人刮目相看，是 1999 年 6 月在第 43 届巴黎航展上。这是中国飞机首次在欧洲进行飞行表演，同台竞技的还有来自世界几十个国家的 50 多种飞机。在每天规定的仅有 5 分钟的表演中，K–8 的高难特技，特别是尾冲动作是不少国外飞机无法完成的。正因为如此，K–8 被列为此次航展的“十大明星”之一。

试飞在下午 2 时 30 分开始，试飞员杨伟江、杨耀双双跨进飞机座舱进行起飞前的各项检查和准备工作。5 分钟后，机场塔台传来准许开车滑行的指令。2 时 40 分，法国“阵风”战斗机一着陆，K–8 飞机就滑进跑道，开始进入倒计时。

“30 秒…20 秒…10 秒…起飞！”飞行指挥官一声号令，杨伟江与杨耀松开刹车，加满油门。时速表上的数字立刻飞快变换，飞机迅速离开地面，跃上巴黎的天空。升到 60 米高度时，飞机以最大的坡度回转到观众面前。接下来，紧迫的 5 分钟内，观众欣赏到一系列精彩场面：超低空最大允许坡度盘旋、低空筋斗、大角度上升横滚、低高度半滚倒转、超低空倒飞通场、战术机动回转、超低空多次横滚以及尾冲。

当飞机轻盈地降落在机场跑道上时，时间不多不少，正好是规定的 5 分钟。

成功了！在滑回停机坪的过程中，栅栏外的观众向中国两位试飞员挥手致意，不计其数的照相机、摄像机转动着镜头对准 K–8

飞机。

为了开拓市场，K–8 曾飞越南中国海、地中海、红海，也曾在太平洋、印度洋海浪上空呼啸而过，她几次穿越赤道，访问遥远的国度。金字塔、阿尔卑斯、乞力马扎罗见证了 K–8 的艰苦历程。所到之处，不同肤色、不同语言的空军领导、政府部长都热烈欢迎她。K–8 的照片出现在各国的杂志和镜头当中。作为洪都的使者，她的足迹遍及欧洲、亚洲、非洲。

见到她的外国人说："中国制造了自己设计的飞机！"

见到她的华侨们说："这就是我们中国研制的新飞机！"

在过去的几年中，飞过 K–8 的 20 多个国家的飞行员，都称赞 K–8 是性能很好的飞机。俄罗斯特级飞行员在飞过 K–8 后说："这是我所驾驶过的世界上最好的教练机之一。" K–8 落户巴基斯坦后，表现出众，巴方一位将军大为感叹："我们终于找到了理想的教练机。"

K–8 忙着飞行，石屏也没闲着。石屏很重视市场开拓，他知道再好的产品，没有市场，商业不成功，就是失败。所以只要代表团到洪都考察，他必定亲自介绍 K–8 飞机，听取反映意见，同时，注意收集反馈信息，以便组织准备及时的外场服务。同时，他还分析不同国家的训练体制，从各国教练机的匹配情况来预测 K–8 的潜在市场。他以专业的洞察力，为 K–8 寻求更为广阔的发展空间。

1995—1997 年，K–8 飞机销售量增长缓慢，生产批量小而成本高，洪都的生产经营面临巨大的困难。中航技以收购飞机的形式给洪都以有力的支持，帮助洪都渡过了难关。同时，洪都在技术上全力支持中航技的强力促销活动。双方不遗余力地通过参加航展、巡回飞行表演、用户评估试用、邀请军政要人来访等多种形式，组织强有力的、有针对性的一系列市场推销活动，开拓 K–8 飞机的国际市场。同时，采取整机销售与合作生产并进，形成多种产品组合，满足用户的多样化需求。

K–8 在航展上的频频亮相产生了良好的宣传效果，这为 K–8 打开国际市场起到了积极作用。经历了数年艰难的市场培育后，K–8 飞机市场终于在 1999 年好转，外贸形势出现了重大转机。

随着 K–8E 项目的实施，K–8 逐步走出困境，打开局面。这中间，除了飞机本身的性能优势以及中国航空工业第二集团公司的支持和洪都的积极努力外，与中航技的积极争取有着直接关系，可以说，中航技在开拓 K–8 的国际市场方面，发挥了关键作用。签订 K–8E 飞机项目是中航技自成立以来最有计划、有远见的合同。早在 1989 年 6 月，中航技与洪都曾组团向埃及空军学院演示介绍了 K–8 飞机，并希望埃及空军根据他们使用其他国家教练机的经验对 K–8 飞机提出改进的建议。

1995 年 8 月，中航技提出能否用中巴共同研制的 K–8 教练机打进埃及市场。当时，这一想法一经提出，便遭到部分人的质疑，认为难度太大。

经过摸底，1996 年 8 月获悉埃及空军学院非常需要引进一种新型教练机以代替即将到寿的 120 架 L–29 教练机和 1994 年换装的 48 架 L–59 教练机。L–59 因技术原因，在两年内发生了 3 起一等事故，供应商又不给予解决，飞机长期处于停飞状态。于是，中航技有针对性地加大销售力度，加强与埃及空军的联系。1997 年 2 月 1 日，中航技代表与驻埃使馆曹武官一同拜会新上任的空军司令沙菲克中将，向他推荐了 K–8、超 7、运 12 等飞机，他非常感兴趣并支持 K–8 飞机到埃及进行飞行演示的建议。

中航技董事长刘国民、总经理杨春澍得悉这一信息后，对这次行动极为重视，决定派 2 架 K–8 飞机赴埃进行飞行表演，而后留在埃及供其空军进行评估飞行，评估时间不限，并希望埃及空军对飞机提出改进意见。这一措施为恢复和发展对埃及的飞机出口开了个好头，也为后来的K–8飞机销售工作起到很大的促进作用。

1997年8月中旬，2架K–8飞机运抵埃及亚历山大港口，用了不到2周的时间完成了总装和试飞准备工作，9月上旬飞行表演的准备工作一切就绪。埃空军司令说："你们公司（中航技）是有效率的公司，在不到半年的时间里就做好了飞行表演准备工作，这对于西方公司来说是不可能的，真是高效率。"并说要亲自参加这次活动，并预祝演示成功。对我方决定2架飞机飞行演示后留给空军进行为期半年的评估飞行，他也非常赞许。此举给埃空军司令留下了深刻的第一印象，为以后的合作奠定了良好的基础。

1997年9月15日，埃及开罗，蓝天白云下，机身喷有红、白、蓝三色的K–8简直就是一只矫健的雄鹰。它首先以一个漂亮的超低空进场亮相，一下牢牢吸引了观众的视线。随后，低空盘旋、滚转、跃升、俯冲，一连串动作令人眼花缭乱，K–8的名声从金字塔传遍非洲大陆，飞向远方。

此后，K–8又赴津巴布韦、赞比亚、肯尼亚、埃塞俄比亚等7国进行飞行表演。历时23天，航程14760千米，一路博得所到国家政府部门和航空界的喝彩。

随后，埃及政府准备对其即将退役的L–29教练机进行替换，替换数量近百架，并向世界各知名教练机生产商发出了项目招标书。洪都研制生产的K–8飞机与意大利的S.211型教练机和捷克的L–139/159型教练机共同参与了埃方的招标竞争。

1999年1月，竞标单位均派出飞机在埃及进行评估飞行，在这次飞机性能、价格的大比拼中，捷克在首轮竞争中被淘汰。面对意大利，中方谈判人员自信而幽默地说"我们虽然足球踢不赢意大利，但我们的K–8有实力。"当然，这种自信是建立在实力的基础上的，当时中航技为了K–8竞标，所准备的资料都有好几箱。

洪都派出了一名英语能力较强的技术骨干，参与竞标全过程。

在竞标过程中，这名骨干会将埃及前方的最新动态及时反馈给石屏。这段时间，石屏时刻待命，遇上技术决策问题，立即做出答复。对于复杂的问题，石屏会迅速组织人员进行解答，给予前方技术支持。

比质量，比价格，比进度，比管理。5 轮激烈角逐之后，K–8 飞机脱颖而出，击败对手，一举中标。1999 年 12 月 27 日，中埃签订了合作生产 80 架 K–8E 的合同。至此，经过长达 8 年的艰苦谈判，K–8 飞机终于飞向了金字塔。

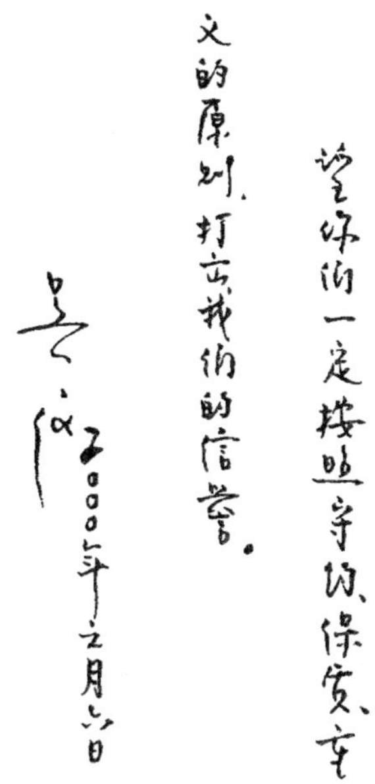

吴仪给 K–8E 飞机的题词

在 K–8 的竞标及签约过程中，国务院副总理吴仪非常关心这个项目，多次询问进展情况。签订合同后，吴仪专门发电祝贺。

K–8E 项目合同总金额达 3.45 亿美元，合同内容包括合作生产 80 架 K–8E 飞机，并帮助埃方建立起完整的 K–8E 飞机生产线；由

江西省省长黄智权，中航二集团总经理张彦仲陪同吴仪副总理视察洪都，与石屏在 K–8 飞机前合影（石屏，左 2）

洪都帮助埃方建立一个能对 K-8E 飞机进行改进、改型以至设计的航空研究发展中心；洪都提供与埃方综合后勤保障体系接口的综合后勤保障系统。埃及 K-8E 项目开创了中国航空工业成套技术出口的先河，既实现了产品出口，更有意义的是实现了航空产品研发中心、航空制造技术(生产线)的输出。这是中国航空工业外贸发展的又一新的里程碑，填补了 50 多年来，中国航空工业飞机生产线和研发中心出口的空白。

K-8E 成功的时候，石屏已经 66 岁了，离他担任 K-8 飞机总设计师已经有 13 年了。这个时候的石屏看上去仍然年轻精神，脸上那些深刻的皱纹并没有让他显得衰老，反而表现出一种特有的气质和浓厚的力度。对事业的热爱焕发了他的青春，使他的工作精神甚至超出了年轻人。在航空科研上，他仍是那么严谨认真，一丝不苟。在每次会议的研讨中，他那清晰明确的思路，深入浅出的阐述，严密准确的计算，新颖独到的见解，让人佩服。他对国家总是怀着一种忧虑和责任，在过去与未来的交叉点上，十年如一日，努力完成着自己的使命。

在石屏办公室的墙壁上，挂着一幅裱好的字“长风波浪会有时，直挂云帆济沧海。”字体苍劲有力，内涵深刻丰富，写出了石屏的心声。石屏喜欢站在窗前凝视天空，喜欢听试飞跑道边传来的飞机的轰鸣声。他知道，自己所处的时代，已经不再是骏马奔驰的年月，人类的触角早已伸向太空。宇宙空间对他来说是生疏的，又是向往的领域。对于搞航空的人，只要前进，就会发现前方有无数需要攀登的科技高峰矗立在浩渺的苍穹，延伸到无边的天际……

一道电话铃声结束了石屏的遐想。电话通知石屏参加 K-8E 工程第一次工作会议。这次会议在新千年的首个春节前夕召开，由中国航空工业第二集团公司副总经理梁振河主持，会上宣布中航技成立领导小组，下设项目办公室，洪都也成立了由公司主要领导组成的项目指挥部和由专家、管理干部组成的 K-8E 项目办公室，进一步完善了项目总设计师系统。此时的石屏已经退休，被返聘，担任了 K–8E 的总设计师，K–8E 项目正式启动。

按照埃方要求，K–8E 飞机要在 K–8 的基础上改进，要调整飞机的总体布局，对前后舱仪表板和操纵台重新设计，对通信系统、导航系统、仪表系统、火控系统和电气系统进行改装，对燃油、操纵、环控、液压、起落架等系统结构进行设计改进，需要新选用、改型及新研制成附件达 30 多项，仅专用图号就达 8000 多个，且要全部采用计算机辅助设计及绘制。在有限的时间内，这个工作量非常大。

原来在 K–8 发图阶段，计算机不太普及，很多图样都是手工绘制的。针对埃方提出要 100% 采用计算机辅助设计及绘制的要求，洪都出于进度的考虑，原本打算只对需要改进的部分用计算机绘图，后来发现，这样管理很麻烦。于是石屏决定，一次性全部实现计算机绘图，终于保质、保节点完成了设计任务。因为要向埃方提供设计报告，石屏亲自拟订了“技术报告编制要求”，这其中，既要考虑到保密制度和知识产权的内容，又要最大程度方便合作，为此一条条，一项项，逐项研究，为设计员编制文件起到了指导作用。为了统一技术术语的英文翻译，石屏专门指定人员编制一本《专用中英航空技术术语对照》。

在石屏的带领下，飞机设计所为完成 K–8E 的设计工作开始了会战。一批又一批朝气蓬勃的科研人员投入到了 K–8E 项目之中。他们凭着高度的责任心和顽强的奋斗精神，在中国航空工业从来没有人涉足过的领域，开辟着全新的格局。无论什么样的艰难险阻，都挡不住他们奋力跋涉的脚步。

2000 年 6 月 6 日，经过半年的会战，K–8E 就实现了首飞。而这一天，也是我国第一架强 5 飞机首飞 35 周年的日子，时任中共中央政治局候补委员、国务委员的吴仪特致信祝贺。同年 12 月，K–8E 通过设计技术鉴定。

合作初期，由于文化差异等多种因素影响，中埃双方偶尔发生一些摩擦。埃方虽然不懂飞机的研制流程及设计技术问题，但他们每一步都会严格按照工艺文件进行，工艺文件上有的，他们一定要做；工艺文件上没有的，他们坚决不做。洪都派到埃及进行现场服务的老师傅，有着丰富的工作经验，在部件装配时，他们并不完全按工艺文件做，这样就掩盖了工艺文件和设计图样不一致的问题，这是擅长试造的工人的技艺。但在埃及就暴露了问题，埃方严格按工艺文件做，发现问题便要求改图。加之，K–8E 在 K–8 原型机基础上进行了大量更改，虽然经过了一架改装机的试制，但并没有充分暴露问题，所以埃及服务组经常要求改图，这样一来极大地增加了工作量，常常是新图还没发过去，又来了要求修改的图。同时，由于 K–8E 的图样有很大一部分是沿用 K–8 的，埃方一旦更改，便将 K–8 的图样也更改了，导致双方存留的图样不一致。加上时间节点紧，距离远，沟通不方便，更换图样的审批流程慢等因素影响，时间长了，文件图样的管理显得很混乱。

针对这个问题，石屏专程去了一趟埃及。他深入调查问题的关

K–8E 飞机首飞仪式

键点，分析解决问题的办法。回到南昌后，石屏立即组织讨论 K–8E 的管理文件。文件中规定，对于 K–8E 专用图样，授权现场服务组同志审批；涉及到 K–8 飞机图样的二类更改，需要登记，并定期将更改单反馈至洪都；对于三类更改，必须经洪都同意才能更改。由于管理问题得到解决，在埃及的服务组的工作就好做了。

此次埃及之行，石屏最深切的感受就是，驻埃的服务人员太辛苦。埃及的气候以晴热为主，非常适合飞行，基本上每天都有飞机进行飞行训练。双方的机务场务人员，每天都要顶着大太阳，在温度高达 40℃的跑道上进行起飞前的维护与检查。工作艰苦，生活条件也不如意。驻埃人员感觉最不适应的就是喝水问题。埃及是个严重缺水的国家，埃及人基本上都是直接取自来水喝，买水比较贵。由于生产、试飞以及居住的地方较远，且分散，驻埃的几十名专家、技术人员和工人轮流做饭，上班要带足饭和饮用水，这是石屏根本没有想到的事情。

就是在这样艰苦的环境下，洪都的人员坚持下来了，在那里长期驻扎，披荆斩棘，在一片荒芜的土地上开拓出中埃合作的新领地。

进入批生产后，由于 K–8E 增加了很多机载设备，飞机比 K–8 要重得多，同时埃及要求 K–8E 的寿命比 K–8 还要长。在结构设计时进行了 16 项更改，车间反映有的更改需要 10 个月的周期。这样，时间便来不及了。在这种情况下，当时主管 K–8E 项目的领导便决定不作更改。得知这个决定，石屏不赞成这种做法。于是，他找到一位年轻、熟悉车间的副总师，到有关车间落实每个零件的生产周期，说明这 16 项更改涉及 K–8E 的强度要求，非改不可，同时，请专家进行论证。经过深入了解，石屏发现，车间存在报工时争奖励的现象。他将这一问题上报给领导后，这位领导马上召开了会议，宣布上次的情况不确切，处理问题的方法不妥，16 项更改按节点进行。有了这位领导的支持，16 项更改进行得非常顺利。

事实上，K–8E 重量增加后要进行 16 项更改是石屏计划中的事。

因为，教8飞机的重量比K-8要重，与K-8E相当，在教8研制时同样在K-8的结构基础上，也进行过这16项改进，而且经过试验证明，改进后教8飞机的寿命是满足要求的。

埃及K-8E飞机生产线揭幕

很快，在合同签署后的第12个月，洪都成功在埃方K-8E飞机生产线上实现了第一架、第二架K-8E飞机的交付和首飞。国务院副总理吴仪专门发来“再接再厉、大获全胜”的贺信。

在合同签署后的第24个月，成功交付埃方24架K-8E飞机，实现了K-8E飞机在埃方的正式列装。

生产线上一片忙碌的同时，设计所、试飞站、质量部、售后服务部等多个职能部门也投入到K-8E项目中，他们帮助埃及进行包括飞行员在内的各项培训、生产质量管理体系的建立与完善、K-8E飞机综合保障系统的建立等。

洪都在确保以平均每月2架K-8E的速度交付埃方的同时，实现了埃方首批57名学员完全采用K-8E飞机进行培训。经过各课目的培训考核，57名学员全部合格，更加坚定了埃方使用K-8E飞机进行列装的信心，巩固了K-8E飞机的地位。另外，提前实施了备用方案，保证了埃方 K–8E 飞机本地化生产线从第 36 架起生产制造的连贯性，确保埃方有足够的生产周期储备零件，实现合同要求的第 48 架以后的 K–8E 飞机零部件埃方本地化生产率达到 94%。

与飞机交付阶段配套，项目中所有的工装硬件也做到了及时配套交付。根据埃方 K–8E 飞机本地化生产分散在 3 个分承包地点的情况，洪都按要求及时将 78 个散件包和 17 个工装包分期按需发运到 3 个分承包生产所在地。

洪都质量系统承担了帮助埃方建立和完善 K–8E 飞机本地化生产质量管理体系的任务。一是修订和完善埃方现有的质量管理体系。在对埃方全部现有质量管理体系文件、程序进行了评审的基础上，就埃方质量体系程序文件的建立和完善问题，洪都与埃方质量部门共同进行了商讨与协调，进一步修订和完善了埃方 K–8E 飞机生产质量管理体系。二是提前试行贯彻质量程序。洪都提前将为埃方制定的质量程序在国内生产的第一、第二架 K–8E 飞机上贯彻试行，确保了为 K–8E 飞机配置的全部质量体系在埃方的全面实施和正常运行。三是对 K–8E 飞机埃方本地化总装生产进行许可审核。在 K–8E 飞机装配、试飞质量得到保证后，2003 年初，中方对埃方 K–8E 飞机总装生产线进行了生产许可审核。

针对建立埃方本地 K–8E 飞机研究发展中心的合同内容，洪都通过提供大量软件和硬件支持，先后为埃方建立起了信息中心、软件编程中心、飞行实验室、电子设备实验室、强度实验室和材料实验室。同时，为埃方提供全套 K–8E 飞机的设计技术资料，包括图样、技术条件计算报告、试验任务书、试验报告、设计软件等，按要求为埃方建立起了 K–8E 飞机的 6 个专业设计室。所有的图样及设计资料全用电子文档交付，工作量大。

向埃方提供 K–8E 飞机综合保障系统对于洪都来说，是一项较大的挑战。在 K–8E 项目合同签署之前，埃及提出 K–8E 要编制综合保障系统（ILS），但当时，按国内保障系统编制，无法实现与埃及的对接。

基于 K–8E 项目的这一要求，中航技、洪都等单位共同组织研制开发了 K–8E 飞机综合数据管理系统（AIDMS）。AIDMS 由单机目录供应管理、维护管理、代码维护管理和系统权限管理 4 个子系统组成，覆盖了飞机全寿命周期内用户要求的全部后勤保障数据、管理信息、维护记录、成本控制、资源储备与分配、维护指导、供应商体系和合同管理等主要内容。通过与埃方的多次交换情况、修改，洪都研制开发的 AIDMS 已经与美国标准接轨，并完全能在美国提供埃方的 ILS 平台上使用。该系统具有的先进性、实用性、安全性、用户界面和优化的数据库结构等特点，在使用过程中得到了较好的体现。其中的 AIDMS、地勤培训软件、飞行模拟器、维护模拟器和测试车等内容都具有国内先进水平。

通过 K–8E 项目建成的 ILS，不但对于提高 K–8 系列飞机在国际市场的竞争地位具有相当重要的作用，而且对于推进我国航空企业的信息化管理、推进我国航空器及其他行业的后勤保障管理技术领域跨上一个新的台阶具有积极意义。

技术培训也是保证中埃合作顺利的重要内容。洪都以飞机设计研究所、试飞站为重点，组织大量人员专门编制了培训资料和培训手册，对埃方人员进行了理论培训；其他各有关科室、车间承担了对埃方人员的生产实践操作培训。除此之外，通过西北工业大学、北京航空航天大学、试飞院等院所，对一部分前来接受培训的埃方人员进行了基础学科和专业的培训。洪都为埃方培训了包括飞机总装试飞、部装、零件制造、橡胶件生产、工程设计跟产队、驻厂用户代表、地勤、飞行员、尾旋试飞、研究发展中心等各专业、各系统的人员。

值得一提的是，洪都进行了 K–8E 飞机的失速尾旋特性评估和带飞埃方学员。尾旋试飞是一项高技术、高风险的试飞课目，国外一般情况下都不安排对飞行学员进行这一项目的培训。多年前，

K–8 的尾旋试飞任务需要借助俄罗斯飞行员来完成，而 10 多年后，中国的飞行员开始对埃及的飞行员进行此项培训。K–8E 失速尾旋特性评估和带飞埃方学员，使埃方学员得到了预期的尾旋飞行体验，圆满完成了尾旋试飞这一高风险的培训任务。

从 K–8E 项目执行的第一阶段起，建立起了 K–8E 项目驻埃专家组，由洪都公司副总工程师级以上的领导干部担任专家组主要负责人，建立起专家组的党支部。专家组与埃方本地生产线和基地负责人建立起了各种定期的工作会议制度，及时交换意见，加强沟通与联系，确保了 K–8E 飞机在埃方的生产质量、生产进度和飞行培训。洪都已先后派出了驻埃专家近 50 批，驻埃及时间长达半年以上的专家 600 多人，驻埃及专家组人员月平均达 200 人。另外选派长期在生产制造一线的、具有丰富实践经验的、技术水平较好的技师前往埃方进行现场操作指导；选派在技术上过硬、能用英语交流、会计算机操作的中青年工程技术骨干甚至技术负责人前往埃方进行产品设计、工艺技术、生产管理的指导。

2005 年 12 月 11 日，中航技与埃及阿拉伯军工组织、飞机制造厂 AOI/ACF 合作生产的 K–8E 飞机第 80 架的交付，标志着中航技与埃及国防部签署的合同已全部执行完毕。同月，埃及空军又续签了 40 架飞机合同。

这是怎样浩大的一项工程！

不同种族、不同肤色、不同语言、不同文明的两个国家，却要在地球的另一面，复制一条足以支撑起一个民族航空工业的生产线，搭建一个现代化科研机构框架，为埃及恢复航空工业奠定基础，这是多么宏伟的事业啊！

埃及的航空工业百废待兴，他们正渴望注入一股强大的科技改革力量，重建一个不容忽视的重要产业，他们在寻求一次展翅腾飞的契机。

是 K–8E 实现了他们的梦想！是 K–8E 促进了埃及航空工业的

发展！

西去的航线风驰电掣，载着一批批的建设者越过大洋、穿过云海，最终抵达神秘的金字塔，在古老的国度烙下中国人的足迹。

从零件制造到部件装配再到总装和试飞，从全套飞机制造技术到飞机研发中心再到保障系统的建立，文明的碰撞，智慧的传递，在千万人的注目下，K–8E 谱写了世界航空业界的传奇佳话！

而对于中国航空工业来说，K–8E 最大的贡献在于，它加速了中国航空工业国际化进程。

中国航空工业在 1951—1960 年间，主要是引进苏联的产品和技术装备，这种引进于 20 世纪 60 年代停止了。这期间，我国已开始自行设计研制产品。随后，由于改革开放，我国与俄罗斯通过双边谈判，有条件地引进技术，采购产品，中国航空工业开始了国际合作，进入了一个新的发展时期。

1979 年初，经国务院批准，三机部成立中国航空技术进出口公司，在国家政策法令指导下，由该公司具体开展航空工业与国外技术经济交流与合作的工作。新时期技术引进和技术合作的对象已从单一的格局转变为多元化，形式与内容也多种多样了，扩大了引进选择的余地。国家还批准中航技自己组织外贸经营，向国外出口

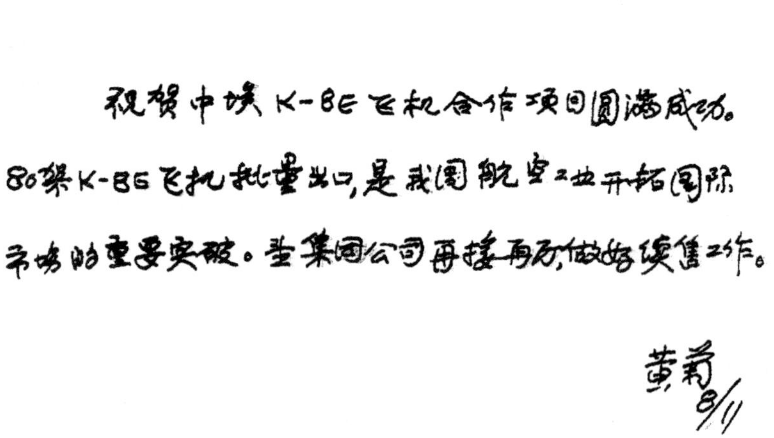
祝贺中埃K-8E飞机合作项目圆满成功。80架K-8E飞机批量出口，是我国航空工业开拓国际市场的重要突破。望集团公司再接再厉，做好续售工作。

黄菊
8/11

黄菊副总理对 K–8E 飞机的批示

国产的产品和吸引外资，这更是对搞活航空工业的巨大支持。此后，中国航空工业同西方国家开展了一系列的技术引进与合作活动。K-8E 项目是中航技成立后最为成功的项目，这也为中航技打开了外贸出口的新局面，也有利于推动中国航空工业国际化进程。

因为 K-8E 跨越种族、跨越文明的贡献，今天，我们用再高调的词语来颂扬它也不为过！ K-8E 项目被埃及总统穆巴拉克誉为中埃两国在军工领域合作的典范；黄菊副总理给 K-8E 飞机的批示是："祝贺中埃 K-8E 飞机合作项目圆满成功。80 架 K-8E 飞机批量出口，是我国航空工业开拓国际市场的重要突破。望集团公司再接再厉，

K-8E 飞机受全世界媒体关注

做好续售工作。”2004 年，中国工程院评该项目为近年来中国十五项重大工程之一，与“神五”等项目并列。K–8E 是中国航空工业外贸出口合同总额最大、出口飞机数量最多的项目之一。

由于埃及在中东地区和阿拉伯世界具有较大的影响力，K–8E 项目合同的签订，在非洲、亚洲和南美洲的教练机市场产生了强烈的辐射效应，此后，K–8 飞机又相继在乌干达、津巴布韦、加纳等国家落户。截至 2009 年，K–8 飞机已出口近 300 架，且保持了强劲的发展势头。

K–8 飞机项目从研制之初到现在已走过了近 30 年的风雨历程，从几近夭折的初级喷气式教练机，到自筹资金合作研制的 K–8，再到让国际瞩目的 K–8E，可以说整个 K–8 项目是伴随着中国的改革开放、中国航空工业的发展而逐渐成长起来的。从某种意义上来说，K–8 飞机见证了改革开放对中国航空工业发展的深远影响。

第九章

教8改写中国飞行员训练体制

K-8 飞机成功首飞也促进了教 8 飞机的立项。

通过分析国内飞行员训练体制和教练机装备情况，可以相信，K-8 的国产化已是一种必然，是中国空军适应改革飞行员训练体制的必然选择，是洪都教练机发展的新机遇。

中国空军经历了 60 年的风风雨雨，有过辉煌也有过坎坷。这支空军的组建始于朝鲜战争，几乎从建立的那天起便投入到战斗中。当时的飞行员大多从陆军中招收，经过几十小时的初级教练机培训后就直接上乌米格 -15 歼击教练机进行高级训练，高级训练持续的时间也不长，飞行员很快就会进入战斗部队担任战备任务。当时的战备任务确实是为战斗而准备的，除去赴朝鲜战场轮战的一些部队外，还有相当数量的部队在国内执行国土防空任务。空战同时在朝鲜和国内发生，这一期间的空战结果表明：中国空军飞行员在战斗中的勇敢和机智是能够压制敌人，夺取胜利的。但技术水平参差不齐，空战技能还有差距。这种差距的根源主要出在训练上，美国飞行员接受过正规的初级训练、中级训练和高级训练。在美国飞行员的训练体制中，最基本的飞行技术在初、中级训练中完成，而最后的高级训练则将教会飞行员如何空战，经过这种训练的飞行员驾驶技术熟练，有着不同气象条件下的作战能力。而当时的中国没有这样的条件，飞行员仅仅在初级教练机上学会如何飞行，然后就在歼击教练机上学习如何射击，缺乏系统的基本驾驶技术和空战战术的训练。

经过几十年的发展，世界主要航空大国在飞行员训练体制上基本形成了从初级教练机到中、高级教练机，然后进行同型双座战斗 / 教练机的训练，最后进行战斗机战术训练的模式。而中国飞行员训练体制是“三级五阶段”，是根据已拥有的飞机合理搭配形成的。

所谓的“三级”是指飞行院校训练、航空兵基地训练、航空兵部队训练；“五阶段”是指初教机训练、基础训练、高教机训练、改装训练、战术训练。

多年来，我国空军训练战斗机飞行员的程序是从院校选送到航校的学员，先在初教 6 螺旋桨教练机上训练 155 小时，后在歼教 5 喷气教练机上训练 85 小时，航校结业；学员分配到部队后在战斗机歼 5、歼 6 上训练 180~240 小时，之后学员才能参加战斗值班。经过多年实践，这种训练体制虽为我国培养了大批飞行员，但同时，这一体制在后来也越来越暴露出其固有的缺陷。

关于初教 6—歼教 5 体制的问题，早在 20 世纪 80 年代石屏便在《航空杂志》上发表《借鉴国外经验发展我国的新教练机》一文中阐述了新时期教练机体制的发展趋势，分析了我国当时初教 6—歼教 5 体制存在的问题，并首次提出现行体制可更改为初教 6—新教练机—歼教 7 的新训练体制。

随后，石屏在他的论著《世界军用教练机状况及我国新一代喷气教练机的发展》中写道："学员上歼教 5 时淘汰率太高，训练周期长，初教 6 是螺旋桨初级教练机，但在航校训练中实际上担负了初级和中级训练的任务。初教 6 和歼教 5 两个机型飞行性能相差大，操纵特点不同，座舱布置各异，学员在初教 6 飞行时间太长，形成习惯，转飞歼教 5 难以衔接。因此，训练体制不适应是淘汰率高、训练周期长的主要原因。"

石屏认为，歼教 5 是米格 –17 战斗机的双座改型机，装油少、油耗大，没有通用教练机效率高。由初教机转到高教机技术跨度较大，飞行学员不能短时间适应，造成学员淘汰率偏高。事实上，空军也意识到这个问题，只是受装备条件限制，使用歼教 5 在当时是最现实的选择。空军寻求新教练机的努力一直没有停止过，早在 20 世纪 70 年代便在论证这一议题。

1975 年，国务院、中央军委便批复了三机部《关于自行设计研制初级喷气教练机的报告》，飞机研制定点长江机械厂，发动机研制定点株洲航动所和南方公司，后因美国 J85–17A 发动机仿制难度大而暂缓研制。在随后的十多年里，几经反复，始终因为发动机问题而搁浅。

1986 年，国防科工委批准 K–8 出口型教练机立项，K–8 开始研制，这让空军看到了希望。K–8 研制期间，空军从未中断过新教练机的讨论。

1986 年，原空军副司令林虎视察洪都，明确指出：“空军下定决心，2000 年以前，一定要发展一款教练机，以替代停产的歼教 5 飞机，改革训练体制，提高训练效率。”

1988 年，在调研的基础上，空军第八研究所编写了《关于发展新型基础教练机综合论证报告》，提出了初步战术技术指标要求，并正式提出以 K–8 为基础，采用国产化设备，以仿制 AI–25TL 发动机为动力，发展国产型基础教练机的建议。

1990 年 11 月，国防科工委从捷克斯洛伐克引进了 5 台 AI–25TL 涡轮风扇发动机（事实上，AI–25TL 是乌克兰生产的发动机，捷克斯洛伐克的 L–39 飞机装配了该型发动机），其中，2 台给了洪都，3 台用于航动所和南方公司测绘仿制。通过论证，发动机国产化是可行的。就在 11 月，中巴合作研制的 K–8 实现首飞。不久，洪都便上报了 K–8 国产化方案。

1992 年是教 8 飞机的转折点。这一年，国防科工委正式批准教 8 立项研制，命名基础教练机为教练 8 型教练机，简称教 8，代号 K/JL8。至此，教 8 飞机的研制全面启动。同年，石屏被任命为教 8 飞机总设计师，历史的重担再一次落到他的肩上。当任命的通知下达时，有领导跟石屏开玩笑说：“看来你又得脱一层皮啰！”

前有 K–8 设计鉴定，后有教 8 立项，石屏和他的团队就像永远不知疲惫的陀螺，不停地旋转。尽管有 K–8 作为基础，但教 8 的心脏——发动机换了，这就意味着教 8 要在 K–8 基础上做大“手术”。

换发是有风险的，石屏自然明白这个道理。如何配合完成发动机的国产化？国产化的发动机与 K–8 的气动布局能否匹配？如何满足空军提出的可靠性、维修性、保障性要求？如何保证空军提出的时间节点？

石屏仔细分析了军方下达的教 8 战术技术指标，列出了教 8 需要改进的重要内容。他在考虑，如何在充分继承 K–8 设计成果的基础上，以最短的研制周期将教 8 交付部队。由于教 8 研制周期短、研制费用不足且研制质量要求高，因此，要缩短周期、节省费用、提高质量、提高教 8 的综合效能，就不能按常规办法，不能走老路，必须在型号研制的观念、方法上有所突破。石屏想到了“并行工程”。

并行工程的全称为综合产品研制（IPD），这是美国在 1989 年提出的，并在 20 世纪 90 年代予以发展的重大新课题，也是美国国防部发展国防武器装备系统的战略方针。其核心内容是将传统的工程专业（如电子、电气、机械、动力等）、特殊的工程专业（如可靠性、维修性、保障性）和生产工程 3 部分内容用系统的方法综合在一起，从而在整个研制过程中，综合考虑武器装备的技术性能、可靠性、维修性、保障性和可生产性。采用这种方法的优点是可以极大地提高武器装备的效能，降低全寿命期间的费用。根据美国国防部对综合产品研制的调查，波音公司及 IBM 公司由于采用了综合产品研制管理办法，获得了十分可观的效益。

当时，国内的并行工程处于推广阶段，早在 K–8 研制阶段，石屏便潜心研究过这一课题。教 8 研制过程中，在北航杨为民教授的建议下，石屏及总设计师系统决定在教 8 研制过程中实施并行工程。

1992 年 8 月，洪都正式成立顶层综合产品研制管理组，石屏任组长。石屏从理论角度，论证了并行工程环境下飞机各种信息的集成与交换，涵盖了飞机设计所涉及的各个专业的并行工作以及设计各个专业和工艺、制造、试飞、质量和成本的并行工作。很快，详细的《国内型基础教练机并行工程流程图》便绘制出来，并分别列出研制阶段各职能部门需完成的任务，为教 8 飞机样机研制实施并行工程发挥了指导作用。

教 8 在总体方案论证、风洞试验和打样协调的同时，开始可靠性、维修性和综合后勤保障工作，设计、工艺、生产、供应、质量等部门协调行动，各项工作并行不悖。

今天看来，这在当时的确是一个重大创新。由于当时微型计算机并未普及，信息化程度不高，教 8 研制阶段的并行工程仅限于技术管理工作，并不能涵盖现代并行工程的全部内容。但在当时，教 8 实施并行工程的确是一种创新，它不是一个零件的创新，不是一个工程项目的创新，而是一种观念和行为的创新。因为这种创新，教 8 也成为我国首款采用综合产品研制管理办法的机型。

教 8 立项之初，国防科工委要求 1995 年设计定型，1996 年开始装备部队。然而，由于仿制发动机进度跟不上及其他原因，迫于空军批量装备的急切需求，1994 年 3 月，国防科工委不得不将教 8 的定型分两步走：第一步，先按配装进口 AI–25TL 发动机的技术状态于 1996 年完成技术鉴定，以满足空军小批量装备的急需；第二步，待涡扇 11（WS11）发动机研制成功后，再完成飞机配装该型发动机的补充定型工作。将试飞工作分鉴定和补充定型两个阶段走。

前面讲到，洪都从捷克斯洛伐克引进 5 台 AI–25TL 发动机配装教 8，这型发动机与 K–8 配装的 TFE731–2A–2A 发动机装机特性不一致，几何尺寸、重量、进气流量、耗油率均不一致，就连安装形式也不一样。而空军考虑教 8 有 K–8 的基础，给教 8 的研制周期非常短。

如何最大限度利用 K–8 的气动布局，处理教 8 新发动机带来的相应更改，这是石屏及总设计师系统思考的问题。经过论证后，石屏建议将 AI–25TL 发动机的尾喷管切短，缩短进气道稳定段，前移发动机安装位置，更改发动机的安装形式，便于从腹部装拆，保持飞机的气动外形，这样既能减少气动设计工作量，又缩短了研制周期。这一大胆的创意被大家所认可。

对发动机进行这种更改，在当时是有风险的。敢于这样做，缘于石屏之前有着深厚的技术储备。早在与加雷特公司进行进气道试验时，石屏便与美国专家讨论过进气道的稳定段问题，后来又与航动所签协议，共同完成对样机用发动机的更改。将尾喷管等直段切短，将原发动机安装方式改成与 K–8 发动机的一样，以便实现与 K–8 相同的从后机身托装。事实证明，这一举措对教 8 实现当年投产、当年发图、当年制造、当年上天起到了很大的作用。

在采访过程中，有人说:“单纯看 K–8 的研制过程，或许还不能完全看出石总的这种高瞻远瞩。结合后面的教 8 来看，才发现，石总其实早把国产化的问题想在了前面。”

由于新发动机耗油率比 K–8 原有发动机要高，如果教 8 要达到空军要求的 800 千米 / 时，最少要装 900 千克的燃油。在 K–8 机翼设计中，整体油箱设计加大了，原计划装 800 千克燃油，计算结果可装 900 千克，于是议论着改小。石屏知道了便说，不要改了，国内型教练机肯定用得着，K–8 现在可以限油，以后也能用上。事实上，石屏是想在 K–8 设计时尽量兼顾国内空军需求，K–8 国产化的问题，一直在他脑海中构思着。因此，在教 8 设计过程中，整体油箱可以直接用 K–8 的设计，而不必重新设计，大大缩短了研制周期。

教 8 飞机 01 架即将进入首飞。首飞前，发动机必须通过高空试验台的飞行，验证 AI–25TL 发动机的空中起动性能。

第一次试验是用航动所的发动机在试飞院的轰 6 试验台上做的，发动机的风车起动不成功。于是决定到某基地高空台试验，既测性能，又做起动试验。洪都建议仍用航动所在试飞院做试验的那台发动机。经上级研究决定，由洪都将已经装于 01 架的发动机拆下来送去试验，使得首飞推迟了几个月。

01 架教 8 飞机用的发动机是从捷克斯洛伐克引进的，由于捷克斯洛伐克不是发动机生产厂商，他们提供的发动机资料不全。后来，教 8 在试飞过程中，同样发生风车起动失败的问题，按资料规定，风车转速大于 15% 可以起动，但总是不成功。后来，乌克兰设计局解释应大于 20% 才能起动。试验证明果然如此。

在石屏几十年的飞机设计生涯中，为发动机吃了很多苦，难怪他在讨论航空事业发展时，总是呼吁优先发展航空发动机，并要求系列化。

1994 年 12 月 23 日，01 架教 8 飞机要首飞了。

1993年这一年里，石屏和教8研制团队已顺利完成了方案论证、风洞试验和打样协调，并冻结飞机技术状态。1994 年初，完成了详细设计。随后，工艺、生产、检验直至总装等，一切都进行得很顺利，这一方面得益于之前 K–8 的研制，锻炼出了一支技术过硬的队伍，另一方面由于空军的大力支持。12 月，首架教 8 样机完成总装，进入试飞站。与此同时，教 8 首飞工作也在紧张的筹备之中。12 月 19—23 日，在南昌召开了教 8 飞机首飞技术评审和放飞评审会，中国航空工业总公司副总经理王昂在批准书上签字。教 8 创造了航空史上当年发图、当年制造、当年上天的奇迹。

12 月 23 日，平日里肃静而空旷的跑道一时热闹起来，各条战线的代表都聚集在联络道和草坪边。他们说说笑笑，不时朝着跑道最北端望望，谈论着即将进入跑道的教 8 飞机。

联络道上整齐地停满了初教 6 飞机，机务人员在飞机边做着各种机务和场务工作。一年之中的最后一个月是试飞交付的旺季，大家不愿放过任何一个可飞天气。于是，每每遇上能见度好的日子，飞机一架接着一架起飞、降落、起飞、降落，如此反复，跑道上不时传来发动机起动时的轰鸣声。这个时候的 K–8 还没有形成较大规模的批产，军绿色的初教 6 便占据了停机坪上的霸主地位。

石屏喜欢这个时候来试飞站，一边听着发动机的轰鸣声，一边看着初教 6 的样子。石屏似乎能想象到，多年后，就在初教 6 停放过的地方，K–8 以及教 8 将以强者姿态，统治这片区域。

当试飞员魏炳彦驾驶着教 8 飞机从石屏眼前一掠而过、直刺云霄时，石屏显得很平静，他仰望蓝天，追随着教 8 飞行的轨迹。事实上，这个时候的石屏并没有心情去欣赏教 8 首飞时的英姿，他的思维陷入了一片前途未知的迷惘之中。

对于石屏来说，教 8 首飞只是万里长征迈出的第一步，后面的路会更加艰难。发动机问题始终无法得到圆满解决，研制进展情况尚在悬念之中，因为发动机国产化问题，教 8 的研制进度将受到严重影响。等发动机，石屏能等，空军可不一定能等呀！想到这里，石屏深吸了一口气！

正当石屏沉思时，人群中发出一阵欢呼声，这个时候石屏才发现，飞行员已经驾着教 8 着陆了。飞行员一下飞机，便被人群簇拥起来。鲜花、掌声属于飞行员，石屏也被推到摄像机镜头前。

看着这一派喜气洋洋的情景，石屏淡淡地笑了……

1994 年 12 月 23 日，教 8 首飞后，石屏（左 3）与航空航天工业部副部长王昂（右 4）等合影

20 世纪 90 年代中期，石屏的事业走得非常不顺：中巴合作研制的 K–8 飞机国际市场一直不见好转；而教 8 试飞进度因发动机问题受到较大影响。

石屏一边要参与 K–8 的市场推介、洽谈工作，另一边还要对教 8 组织攻关，参加例会，签署文件和技术报告，还要到生产、试验现场了解情况，处理重要问题。

每天，石屏急不可耐地投入到工作中，几十年来，他就是这样与时间赛跑。而这十多年里，K–8 和教 8 成为他念念不忘的唯一目标，日积月累，早已在心头堆积成为一种情结。有时候，还有一种紧迫感在折磨着他，好像时间总是不够用，他给自己提出了要求：胸有全局，月有计划，周有安排，急事先办。并自我检查，如果没做到，他就会有一种负重感。

就是以这样的工作态度，石屏才攻下了一道道关口，满怀信心，继续前进。

01 架转入试飞阶段，洪都的发动机不够用了，02、04 架飞机已经投产，备件也缺乏，因此，买发动机成为急切的问题。不久后，石屏随团到乌克兰购买发动机。其中，有航动所的同志以洪都职工身份参加。

到了乌克兰，对方很不友好，不愿意谈，说中国已经买了捷克斯洛伐克的发动机，并说出了那 5 台发动机的编号，又说中国已经组团来过，不是想买发动机，而是想测仿，还拿出一张照片给石屏看，上面是航动所组团考察他们发动机厂的情景。一听他们这么说，石屏便知道，大概是测仿的消息不小心泄露了。正在这时，与石屏同去的航动所专家也想看这张照片，石屏赶紧将照片反扣在桌上。他怕他们一看，就无所顾忌地指出照片中的人，这样不就证实了乌克兰的说法了吗？石屏说："中国很大，机构也很多，我不知道谁参观了你们厂，我是中国洪都飞机公司的，我是第一次来你们厂，目的是要买发动机……”没过多久，对方拿出一摞资料，念道：“石屏，1934年3月出生于中国江西，南京航空航天大学毕业，K–8飞机总设计师……”

石屏一听，很意外，也很吃惊，不禁对他们产生了佩服之情。原来，他们处处留心，在新加坡航展中收集了资料。

确认了石屏的身份后，乌方才同意谈。经过一个星期的交涉，我方采购了3台发动机，对方提供了一些发动机的数据。这些数据得来不易。当已经商定购买发动机之后，石屏要求对方提供发动机重量、重心、惯量矩及发动机工作时最大的伸长量，对方不给。石屏说：“我们还要买发动机，你们这样对待用户，合作很难进行下去啊！”对方理亏，这才提供全部数据。3台发动机经过验收试验，并装箱后，石屏才离开。

按国防科工委关于教8飞机研制分两步走的安排，第一步要装配AI–25TL发动机小批装备部队。为此，由中航技组团到乌克兰订购一批发动机。

不久，乌方派技术人员到洪都进行发动机改装协议的谈判，这次谈判涉及各个专业，纯属技术谈判，谈判由石屏主持。双方对两个问题争议较大：一是对于更改发动机的安装接头，乌方不同意。石屏说，我们已经更改并做过试验，并带领他们到现场看了K–8发动机安装。二是乌方提出要按新发动机装机前地面要做的试验项目来安排试验计划。石屏不同意，因为这涉及到大量费用和周期问题，条件不允许。石屏说：“AI–25TL是成熟的发动机，不可能按新发动机来做试验；而且，洪都已经装上飞机飞过了，试验也做了。乌方说，没有我们在场，你们怎么会使用这个发动机？石屏笑着说，我公司设计过几种飞机，有使用各种发动机的经验。你们知道我们从捷克斯洛伐克买了发动机，这个发动机正装在飞机上飞，已经飞了几十个小时了。”

就这样，事情谈下来了。事后石屏才知道，乌克兰为什么提出这种苛刻的要求。原来，他们得知美国向洪都禁运加雷特公司的发动机，认为洪都非买他们的产品不可。石屏说：“我是总设计师，这个问题我是权威，这个飞机可以配装美国的发动机，也可以配装你们的发动机，由不同的用户来选择。”

有了发动机，很快 02、04 架教 8 就实现了首飞。不久，3 架飞机分别于 1996 年 2 月和 10 月转场试飞院，展开试飞工作。

根据分两步走的安排，教 8 先配装 AI–25TL 发动机进行鉴定试飞，鉴定试飞在试飞院按批准的教 8 的鉴定试飞大纲进行。1996 年初，副总设计师江积祥和工厂试飞站领导带领 30 多名研制人员奔赴试飞院配合试飞工作。

在试飞过程中，进行了尾旋试飞，不对称外挂试飞，军械打靶试验和前起落架弹跳试验，这些都是风险课目。为此，石屏经常去试飞院参加决策会议。江积祥副总在阎良待了近两年时间，为教 8 试飞做出了突出的贡献。

1996 年 3 月 25 日—1997 年 10 月 20 日，历时一年半，01、02、04 架教 8 飞机完成了鉴定试飞大纲规定的包括失速 / 尾旋、颤振、火控系统等高风险试飞课目在内的全部课目。3 架飞机累计飞行 500 多个架次，共计 395 小时 49 分。其中，配装 AI–25TL 发动机的教 8 飞机完成失速飞行 129 次，尾旋飞行 56 次，为部队飞行学院进行失速 / 尾旋训练提供了理论与实践依据。

在教 8 试飞过程中发现驾驶杆有轻微纵向抖动的现象，空军要求及时排除。但在试飞院试飞时，试飞员感觉不明显，没有要求排除。加上试飞进度很紧，洪都测试研究这种抖动现象的要求也没有办法实现。

在这种情况下，石屏通过工厂自用机进行研究，在飞机尾部和平尾后缘及升降舵上贴丝线，让发动机从慢车开到最大转速，反复两次，发现升降舵后缘随动调整片上的丝线向上卷起。这种现象证实了石屏的想法，即发动机尾喷流影响了随动调整片。石屏立即和总体组的同志一起试验，试验发现，只要对随动调整片作微小扰动，驾驶杆就会前后动，频率相同；同样，驾驶杆的轻微扰动导致随动片也会动。为此，石屏决定将飞机尾罩两侧外形弧线向后移，最大后移量为 50 毫米。经过后来的试飞，问题解决了。

在解决这个问题的过程中，有不同的方案，石屏总是追求简单易行的办法，这种办法只有在仔细观察，深入实际，亲身体验后才能发现。

1997 年 12 月，配装 AI-25TL 发动机的教 8 飞机完成了设计鉴定。

1998 年 6 月 5 日，首批 8 架教 8 飞机转场空军某飞行学院试用。飞机经 10 天地面全面检查后交付，于 6 月 16 日正式开飞。在如此短的时间内完成放飞，这创造了新机到部队后开飞的历史新纪录。这是因为培训资料全，飞机交付前飞行员培训工作做得充分的结果。

空军对教 8 飞机提出了 8000 小时的结构使用寿命要求，这对 20 世纪 90 年代国内各型飞机使用寿命普遍停留在 2500 ~ 3000 小时的水平来说，的确是一个较高、较苛刻的要求，而这个要求也带出很多的问题。比如教 8 的制造工艺等要特别注重抗疲劳、抗腐蚀性；飞机机体结构细节设计要控制应力水平；整体油箱壁板等关键部位要进行大量的疲劳试验；对于之前达不到要求的设计要进行更改等。

其实，早在 K-8 研制阶段，洪都为了达到巴基斯坦提出的要求，便提出结构使用寿命为 8000 小时。K-8 的评审中，国内专家对此存在怀疑，认为这是不现实的。后来，石屏及总设计师系统提出实现8000小时分三步走的计划：一是在设计时控制应力水平，发图后进行寿命复查，改进；二是设计过程中，重要的结构件提前做疲劳试验，按试验结果再改图；三是根据全机疲劳试验结论，对于薄弱环节进行更改。2008年，经过疲劳试验，K-8结构满足了8000小时的使用寿命要求。

石屏检查教8飞机座舱

教8的结构使用寿命问题与K-8一样，也是按三步实施的。2008年，经疲劳定寿评审，结构使用寿命已经达到了8000小时。

教8飞机的活动舱盖与出口型K-8的为同一类结构形式，均为串列整体式。这种形式整体性好，结构简单，带来了较理想的座舱视野。然而，由于受到当时国内材料和制造水平的影响，教8选用了MYB-3浇注有机玻璃，直接在玻璃上制孔，用螺栓与骨架连接的方法。通过外场使用发现，教8飞机在温差较大的环境下，座舱盖变形大，易出现裂纹等，实际使用寿命达不到设计指标要求。由于座舱盖质量影响飞行员安全，空军对这个问题很重视。

此时，石屏正组织设计人员对教8的座舱盖首翻期进行攻关。这项攻关属于重大技术关键，石屏在现场蹲点。有人提议，参考国外飞机搞软连接。经讨论，总设计师系统决定，吸取国外经验，进行舱盖的软连接设计改进，以延长教8飞机活动舱盖寿命。软连接是通过在座舱玻璃边缘胶结一段软材料，由于软材料的韧性好，在软材料上制孔，能避免原来在有机玻璃上制孔导致破裂的弊端。

改进设计后，舱盖开始做各种试验。

到实验室的时候，石屏看到几个年轻人正在做试验。看得出来，这几个小伙子已经在试验现场坚持了很久。看着他们略带疲惫却仍然干劲十足的样子，石屏仿佛看到了自己年轻时候的影子。曾经，石屏也像他们一样，在前辈和专家的带动下，苦心钻研，一心一意闯事业。如今，自己年岁大了，但他却非常喜爱这些勤奋上进的年轻人，也愿意成为他们的领路人，带领他们向科技巅峰进军。年轻的设计员起草的技术文件，他会逐字逐句地审阅、修改，并当面耐心地指导和解释。他会给积极上进的年轻人压担子、下任务，将他们推向科技攻关的主战场，带领他们到研制一线去实践，到车间直接配合生产，和工人交朋友，汲取营养。石屏希望，通过 K–8 和教 8 能够锻炼一支队伍，因为，只有年轻人才是祖国航空事业的未来。让石屏感到欣慰的是，越来越多的年轻人接过他手中的接力棒，沿着他曾经奋斗过的足迹，一直走下去，中国航空工业后继有人呀！

记得 20 世纪 80 年代初，由于大环境原因，航空工业大受挫折，航空军品项目萎缩，各家航空企业处于“吃不饱”的境地，军工企业只能生产自救，“军转民”成了当时唯一的出路。面对残酷的市场竞争，长期在计划体制下生存的军工企业一下子脱离政策保护，面临着严峻的考验，造飞机的改造汽车和摩托车成为当时一道独特的风景线。

而洪都几十年通过飞机修理及初教 6、强 5 研制锻炼出来的大批军工人才大量流失，有的出国，有的经商，也有的下岗了，这样的情景让石屏感到痛惜。

K–8 和教 8 让大批矢志不渝的航空人重新上阵，也让洪都这样一个积淀了浓厚航空文化的企业开始在新时期焕发新的风采。经历了激情燃烧的岁月，洪都变得更加成熟，生命力更加顽强。

想到这里，石屏轻轻地笑了笑，然后继续投入到试验中。

在石屏及总设计师系统的关注下，设计改进后的舱盖先后完成了气密试验，抗压试验，开启试验，常温、高温、低温变形试验，静强度试验及舱盖与座椅的适应性穿盖弹射试验等。2002 年底，软连接的舱盖装配飞机交付部队率先使用。2003 年底，又完成了软连接舱盖的老化和疲劳试验。

进行疲劳试验是石屏长久的期待，一方面这是飞机维修的需要，另一方面，他要告诉关心我们事业的人们，教 8 飞机 8000 小时的结构使用寿命已从目标变成现实了！几经周折的活动座舱盖玻璃连接问题解决了！

1990 年底，航动所和南方公司开始对新发动机进行研究，新型号发动机命名为涡扇 11（WS11）。1992 年 8 月涡扇 11 开始研制，1995 年点火，1998 年 10 月 26 日首次装上教 8 并首飞。2001 年 10 月涡扇 11 开始小批量交付，经过一段曲折的使用、试验历程后，涡扇 11 于 2002 年 3 月正式定型。十年磨一剑，艰苦倍尝。

随着 WS11 发动机交付洪都，1999 年 9 月，教 8 正式开始进行第二阶段的定型试飞任务，即配装 WS11 发动机的试飞。至 2001 年 10 月，历时两年多，经过 145 个架次 99 小时 15 分的补充试飞，配装 WS11 发动机的教 8 飞机完成航空军工产品定型委员会（航定委）批复的试飞大纲中规定的项目（因条件原因，失速 / 尾旋 6 个架次的试飞任务于 2003 年完成）。至此，教 8 飞机经过两个阶段，历时 5 年多才完成定型试飞工作。

2003 年 11 月 24 日，教 8 飞机终于通过了设计定型。教 8 飞机从立项研制到设计定型，已走过了近 12 个年头。

那一天，石屏心潮澎湃。为了实现这个目标，多少人为之付出了全部的精力和心血呀！石屏的思绪不由得穿越茫茫时空，回忆起无数个牵魂动魄的日子……

教 8 的研制过程，充满了无数的障碍、沟坎和鲜为人知的艰难。

教 8 终于定型了，用了 12 年的时间，中国航空工业史上又诞生了一个新的成员！12 年，多么艰难曲折的 12 年啊！12 年里，多少人青春年华悄然流逝，多少黑发人两鬓添白发，又有多少牵挂教

8的人匆匆离去！每每想起这些，石屏便因感恩而感动……

负责全机结构设计的副总师马启禄，从不计较个人得失，工作主动性强，人称“老黄牛”。他患有严重的风湿性关节炎和坐骨神经痛，工作时间一长，经常疼痛难忍，但他总是忍着疼痛，坚持工作。

在试飞院负责教8飞机失速/尾旋试飞任务的时候，江积祥已经年过六旬，这位老专家与队员们同甘共苦，在48℃的跑道上，他经常是蹲点试飞现场，右脚骨折，他也依旧如此。由于工作压力大，天气炎热，有一次，眼睛疼痛，甚至难以阅读资料。试飞院被这位为了工作不惜生命的科技工作者所感动，破例把打印资料字号放大，减轻老人的阅读负担。

为了教8研制，有的人结婚喜宴一拖就是一年，有的人已经没有了正常的作息时间和生物钟，有的人终日埋头苦干，默默地承受着生活和家庭的各种困难……他们，没有惊天动地的传奇；他们，用一滴滴辛勤的汗水浇灌，以一行行坚实的脚步奠基，不断超越自我；他们，与教8荣辱与共，型号的成功成就了他们的事业与梦想；而他们，用默默无闻的奉献和顽强的坚守书写了航空史上的辉煌。

教8飞机已经大量装备部队

石屏说：“他们是我们的主力，他们才是英雄。”

而石屏自己呢？这么多年来，拼命工作已经成为他的生活习惯，他似乎有干不完的活，办不完的事。石屏明白，背负攻关任务和飞机研制过程中不断出现的问题和压力，他必须时刻集中精力！家庭问题和工作难以同时照顾的时候，他也总是毫不犹豫，一次又一次地把天平的砝码放在了工作任务的一端。为了 K–8 和教 8，他每天早出晚归，和家里人连话都说不上几句。夜晚，回到家里时，家人都已经熟睡了；早上，他上班时，家人还没起床。家里大大小小的事情，他全部交给了老伴。

那一年，老伴因患胆结石住进医院。石屏跑前跑后，挂号、拿药，陪爱人进手术室。可爱人做完手术的第二天，当中航技有人找他时，他就坐不住了，石屏知道是有关 K–8 外销的事。看着石屏坐立不安的样子，爱人非常理解地说：“你就放心去吧，K–8 是大事，不用担心我。”石屏犹豫了一下，还是走了，照顾爱人的事情全部交给了儿子。

从 K–8 方案论证开始，他很少陪家人度过节假日，尤其是老伴，他亏欠她太多太多。当他想补偿的时候，老伴却永远地离开了他。

第十章

蓝天梦想 矢志不渝

2001年9月，石屏永远地失去了至亲至爱的妻子张雪佩。

由于张雪佩的体质较好，很少生病，因此总是她担心石屏的身体，石屏也从来没想到，爱人会走得这么急。2001年4月，妻子说身体不舒服，6月才到医院进行检查，发现肝功能有问题，便在门诊打点滴，事实上，这就是前兆，可惜当时并没有引起重视。

到了7月份，张雪佩开始发高烧，住进洪都职工医院，检查发现黄疸指数很高，医生说很严重。石屏想让张雪佩转院，但她不同意，说转到哪个医院都是一样。后来，请上海瑞金医院的专家会诊，确定为重症肝炎，并开了急救药，职工医院专程从上海调药，但医治无效。这时候，石屏便想将妻子转院到上海。但医生建议，情况比较严重，不宜转院，怕路上出问题，保守治疗为好。这个时候，石屏还安慰爱人，“只要不是癌症就可以治。”

后来，张雪佩的哥哥多方打听，认为可以转院，但到上海住院很困难。于是，8月下旬在中航技上海分公司的帮助下，转到上海中山医院。这个时候，她的精神状态还是很好。因此，石屏一直没有灰心。经上海专家会诊，重新确认是重症肝炎，医生告诉石屏，做好思想准备，这种病的治愈率很低。石屏说，你只管治病就好。

不久，张雪佩的病情开始恶化。由于对爱人的担忧，加上长时间的奔波，石屏这个时候也开始咳血。他担心是肺炎复发，怕感染张雪佩，住到了外面，又为了不让张雪佩知道，石屏偷偷挂了急诊号，打点滴。9月5日上午，张雪佩问石屏，你怎么了，为什么出去住呀。石屏说，没事，大概是支气管炎犯了，医生开了消炎药。爱人看着石屏说，香烟一定要戒掉。以前，张雪佩从来不说这样的话，她总是告诉石屏要少抽，抽好一点的烟，不要抽劣质烟。她让石屏回来住，说不会感染。晚上，石屏还未入睡，张雪佩的病情就恶化了，于是请求急救。

9月6日凌晨，张雪佩去世了，从住院到离开只有39天。

陪妻子走过的最后一段日子里，石屏一刻也不愿意离开她，天天守在她身边，照顾她。这个时候的石屏才明白，这辈子他亏欠妻子实在太多太多。石屏总是对妻子说，等不那么忙的时候就好好陪她，带她出去走一走，玩一玩，看看祖国的青山秀水，看看曾经患难与共、共同生活工作过的地方。可是石屏总认为来日方长，总会有机会。他手头总有很多事要处理，如果搁置下来，会影响他人的工作。但是这种状况是无休止的，这就铸成了石屏永久的遗憾。

有人说，石屏不管遇到什么情况总是有信心。对爱人的病也是这样，看到爱人总是那么清醒，还在操心家事，他不信厄运会到来，甚至在医生通知他准备爱人的后事时，他仍不失信心。突然爱人的病情恶化了，真正停止呼吸了，他受不了了，他抱着妻子号啕大哭，这样的哭声谁也没有听过，吓坏了身边的儿子，赶紧把石屏拉开。回到家里，他看着妻子的照片，回顾着他们几十年走过的历程，一幕幕涌上心头……

刚结婚时，两人工资不多，床、饭桌、凳子都是公家的，而石屏给母亲寄钱是雷打不动，有时还给困难的兄姐寄点钱。一点钱分成几处用，妻子从不多嘴，并且这些钱都由她寄出，而她总是自己节省些，计划着用，过着紧巴巴的日子，即使生了小孩也是如此，她的两个儿子都是穿改过的旧衣服，很少买新衣服。

为了节省时间，也为了省点钱，几十年来，石屏和妻子总是相互给对方理发。自打结婚起，身上穿的毛衣、毛裤和毛背心从没买过，全是妻子织的，每 1 ~ 2 年就要织一次，即便是后来生活条件好了，她也是坚持亲手织，一针针、一线线饱含了妻子对自己的深爱！

下放高安县时，因自己总是忙，她一个人又带孩子，又上班，石屏不在时，还要挑水、做饭，她还学会了开小拖拉机，当地农民都说她又勤快，又能吃苦，不像个城里人。在湖南湘西的深山老林里，种菜、浇地、养鸡，还要当老师，她样样拿得起，放得下，为了丈夫，为了这个家，从没做过农活的妻子竟是如此坚强、能干。她学会了做馒头，有人就爱吃张师傅做的馒头。

K-8 刚实现首飞，接着又是教 8，石屏更加繁忙，经常披星戴月，早出晚归。妻子自己也很忙，还有提前上班的习惯，但她总是尽力做好家务。

中午，石屏有午休的习惯，妻子将水果去了皮，削成片，放在显眼的地方，提醒石屏吃。否则，石屏匆匆忙忙上班，就不会想到吃水果。

在几十年忙忙碌碌的日子里，他俩从没有红过脸、吵过嘴，总是那样互敬互爱，相濡以沫。

很长时间，石屏都不相信妻子真的离开了自己。家里一切如昨，妻子看过的书，妻子一针一线织的毛衣，妻子最爱的歌碟，妻子给石屏理发用的工具箱，石屏从来不动，他也不让任何人动，妻子的手表从未没有停过，一直摆在书桌上，看着妻子的照片，石屏似乎仍然能感觉到妻子均匀的呼吸，感受到妻子温热的气息，感受到妻子依然默默地支持着他，感受到她音容依旧。

然而，当意识清醒的时候，石屏便会撕心裂肺地痛。愧疚、自责与孤独轮番折磨着他。他愧疚，平时要是多抽点时间陪陪她，她不会带着那么多石屏一直没有兑现的承诺离开，也许她会少一点遗憾；他自责，如果早一点重视她的病情，早一点治疗，或许这只是一场小小的病，而不会成为永别；他孤独，没有了妻子，他的生活失去了重心，心似被掏空了一般，没有依靠，没有寄托。2008 年的清明节，石屏写下诗句：远方旧友终是远，近处儿孙岂能近，如影随形卿何在，九天洒泪听泣声。

多少年过去了，石屏对爱人如此思念，令人感慨！

石屏与爱人一起生活了 41 年，是共同的理想把他们紧紧地连在一起，他们同为飞机设计师，曾许下心愿，为了航空强国的明天要携手并进。多少年来，为了共同的目标，他们风雨同舟、相濡以沫。石屏常常对爱人说:“你是对我最无私的人。”

石屏安排好爱人的后事之后，回到家里总是流泪，人消瘦了很多。有的朋友从外地来到南昌，有的写信，甚至有人从国外打来电话，安慰石屏。也有人建议他去疗养，好好散散心。然而，石屏知道，他不能一个人走出去。他必须回到岗位上，回到人群中，必须跟人交流，必须投入到工作中，他想让繁忙来冲淡悲伤。石屏想起，2001 年 8 月 2 日，那是爱人服用上海调来的急救药的第一天，工厂来电话说，国家科研成果评审组来听 K–8 研制工作汇报，作为总设计师，石屏最好到场。石屏当时很为难。妻子说:“工厂待你这么好，你应该去，这里有儿子，不用担心。”石屏便去了。是啊！回到岗位上去，这是妻子一直以来对自己工作的支持，也是她的愿望。石屏只有再度投入工作，以慰爱人在天之灵。

洪都自 1951 年成立至今，几十位老一辈无产阶级革命家、中央领导人把关怀留在洪都这片红土地上。

2001 年，这个古老的航空企业迎来了建厂 50 周年。6 月 1 日，初夏的江西，青草芊芊，一片盎然生机。中共中央总书记、国家主

江泽民主席视察洪都，邀请石屏一同留影（石屏，右 2）

席、中央军委主席江泽民来到了洪都。在视察中，江泽民十分高兴地参观了 K–8 教练机，坐进了前驾驶舱，对 K–8 飞机的性能给予了充分肯定。兴致勃勃的江总书记亲切接见了总设计师石屏，并邀请石屏一起在飞机前合影。总书记亲切的关怀，殷殷的叮嘱，让石屏更加深感责任的重大。光荣召唤着理想，他感到全身上下有使不完的劲，心里涌动着火一样的热情，老骥伏枥，志在千里，为了祖国的强盛，他愿意竭尽一生，奋斗不息。

是啊，一辈子与飞机打交道，飞机已经成为石屏生命中不可分割的一部分，牵动着他的每一根神经。K–8 飞机离不开石屏，石屏更离不开飞机。人们尊敬他，爱戴他，党和人民更没有忘记他对祖国航空事业的卓越贡献和辉煌成就。石屏先后荣获了江西省劳动模范、优秀共产党员、科技精英，航空工业有突出贡献专家、劳动模范，江西省科学技术特别贡献奖，全国优秀科技工作者，全国杰出专业人才，全国劳动模范等称号，荣立中国航空工业总公司一等功 4 次，获得了航空工业的最高荣誉“航空金奖”。

2002 年 7 月，石屏出席“全国杰出专业人才表彰会”并作先进事迹报告。同年 8 月，又被中宣部确定为“爱岗敬业、无私奉献”

石屏先进事迹报告会前受到吴邦国副总理接见（石屏，左 2）

的全国公民道德建设先进典型之一。9月，中共中央企业工作委员会（中央企业工委）在京隆重举行石屏同志先进事迹报告会，中共中央政治局委员、国务院副总理、中央企业工委书记吴邦国亲切会见了报告团全体成员，对石屏同志的事迹给予了高度评价，号召企业党员干部向石屏同志学习。

21世纪初，K–8和教8双双进入生命的上升期。通过实践的检验，K–8和教8深受用户的喜爱。2001年，K–8飞机研制获得国家科学技术进步奖一等奖（当年的最高奖）。2006年，教8飞机获国家科技进步奖二等奖。

2003年，石屏被选为中国工程院院士，这是所有科技工作者至高无上的荣誉与梦寐以求的理想。

在强5总设计师陆孝彭院士的推荐信中是这样评价石屏的：

石屏同志是新中国培养的飞机总设计师，他主持设计的K–8、教8两种基础教练机获得很大成功，K–8已外销26架，教8已被选定为中国空军航校的标准机种，将成批生产装备部队。这两种飞机选择了美国加雷特公司的TFE731–2A和乌克兰的AI–25小型涡扇发动机，性能好、耗油率低，气动结构布局合理，机动性好，能进行“尾冲”特技动作，各项性能指标均优于独联体国家大量使用的L–39教练机。K–8、教8采用了零－零穿盖弹射座椅、电子仪表显示器，使座舱布局比较先进，易于改出尾旋，驾驶员生存率高。他提出的初教6—教8—歼教7训练体制，缩短了培养飞行员的时间，受到空军的欢迎。他总结提出的K–8、教8十大特点，可作为设计教练机的普遍准则，他在设计K–8的初始阶段就进行可靠性、维修性设计，在我国为首创，其成绩是显著的。K–8、教8的使用寿命为8000飞行小时（25年），达到世界水平。在埃及参加世界教练机评估时的故障间隔时间也达到很高水平。

石屏的学风正派，被评为省级、部级劳动模范，被航空工业部评为有突出贡献的专家，被评为全国优秀科技工作者。我认为石屏同志有创造性的突出成就与贡献，符合中国工程院院士的条件。

中国工程院院士、洪都航空集团飞机总设计师
陆孝彭
1999.2.7

在中国工程院网站的院士信息里是这样介绍石屏的：

石屏 (1934.3.25—) 飞机设计专家，曾任 K–8、教 8 教练机总设计师，现任江西洪都航空工业集团飞机总设计师。

主持 K–8 教练机设计，通过修改机翼前缘翼型，使飞机获得了良好的升阻特性和失速特性；首次在方案设计时，进行全机各系统可靠性、维修性设计，飞机出勤率高，开敞性好，便于维护成为飞机突出特点之一；抗疲劳设计实现了 8000 飞行小时的机体结构寿命。该飞机综合性能优于同类飞机，已批量销售国外，是我国首次向国外输出整机生产线的机种，获国家科技进步奖一等奖。主持设计的教 8 型教练机，填补了我国基础教练机空白，已批量交付。撰写了《借助国外经验发展我国新教练机》《世界军用教练机的状况及我国新一代喷气教练机的发展》等论文。

1994 年被聘为南京航空航天大学兼职教授，2003 年被聘为南昌航空工业学院双聘教授，2004 年被聘为江西理工大学兼职教授。2003 年当选为中国工程院院士。

当选为院士后，石屏在接受采访时说："当选院士后，我接触航空科技前沿知识的机会更多了，也有更多的时间可以查看资料。每次翻阅到一些关于飞机设计最新的热点问题，我都会拿给其他飞机设计人员看，还让他们就这些热点问题写成论文，表达自己的见解。通过对论文的亲自指导，让设计人员了解最新的飞机研究成果，从而提高飞机设计水平。有时，我还会把自己查看资料的一些想法写文章给有关人员看，让他们掌握自己研究飞机设计的角度和方法，获得更多的新知识。"的确，石屏凭着追寻蓝天的执着梦想，半个世纪以来，一步一个脚印，埋头苦干，成为一个从工厂走出的院士。

2008年，石屏获得第四届航空航天月桂奖之终身奉献奖。在颁奖现场，石屏发表了这样的获奖感言：“感谢月桂奖的评委和专家们给予我这么崇高的荣誉，我意识到这个荣誉是对我们洪都集团长期以来艰苦创业的认可，是对我50年在一线工作的认同，为此我感到非常的荣幸。我也认识到我们航空工业面临很好的发展机遇，有很多工作要做，我们有一大批年富力强、敢于挑战的中青年技术骨干，相信我们的航空事业会更加的辉煌。科学技术日新月异，我还要认真地学习，为航空事业奋斗。”

或许正如主持人说的那样，月桂奖是奖给“那些把一生的爱都奉献给了航空航天事业，历经艰苦卓绝的磨难，无声无息默默奉献的人们。他们是行业的灵魂，像蜡烛一样，点燃了自己，照亮了行业的明天。”石屏获得“终身奉献奖”当之无愧。

航空工业作为工业之花，是国家战略性产业，是国家技术、经济、国防实力和工业化水平的重要标志。58年来，伴随着祖国的繁荣富强，我国航空工业也走过了一个不断奋进、铸就辉煌的历程。

洪都58年的历史，是一部自力更生、艰苦奋斗、无私奉献的创业史，是一部与时俱进、开拓创新、超越自我的发展史，是一部不辱使命、强军富民、报国壮威的爱国史。洪都的历史，不仅仅是一个组织机构的发展变革过程和发展业绩的叠加堆砌过程，还融合着曾经和正在为洪都的过去及未来奉献的人们的生命轨迹。一代代航空人在思想上一脉相承，行动上薪火相传，生生不息，在拼搏中不仅创造了巨大的物质财富，而且创造了巨大的精神财富，他们不仅用自己的智慧书写问鼎蓝天的辉煌历史，更用自己的勤奋开启了腾飞世界、与强者同行的光荣与梦想。

伴随着中国航空工业的重组，洪都这个与新中国航空工业同岁的奠基企业，在新的历史时期，也迎来了新的发展机遇。

洪都在新的领导班子的带领下，开启了实施战略管理，打造百年洪都的新征程。2007 年，国家大型飞机研制项目正式启动。2009 年 5 月，洪都与中国商用飞机有限责任公司在上海签署了理解备忘录，成为我国大飞机项目的首批 9 家国内供应商之一，洪都承担了前机身和中后机身 3 个部段的研制与生产任务，约占机体的 25%。这意味着洪都搭上了我国大飞机项目产业布局的首趟“航班”，正式入围大飞机项目。

随着大飞机项目的实施，洪都在江西省政府的支持下，规划了南昌航空工业城的建设。南昌航空工业城位于南昌市高新开发区瑶湖以东区域，占地面积约 25 千米^2，计划在 2016 年以前将其打造成为大飞机研制生产基地和国际航空转包生产基地。

从南昌航空城的规划蓝图上，一个以航空工业为主体，相关产业为依托，航空工业城为平台，集航空产业产品及相关产业研发与制造、航空通用运营与服务、航空博览、旅游、教育、运动娱乐以及住宅小区建设为一体的现代化综合城区光彩夺目。届时，洪都这个传统的航空奠基企业将全面实现战略转移，迈上全新的征程。

经过十几年，教 8 飞机逐步替代歼教 5，真正实现了中国空军飞行员训练体制从初教 6—歼教 5 到初教 6—教 8—歼教 7 的改变，这也实现了石屏最初对中国空军飞行员训练体制的设想。但同时，石屏也给这一新体制留下了一个新的课题，那就是高级教练机的问题。事实上，教 8 在研制阶段，石屏便将其定位为基础教练机，在他的设想中，后面应该与一款真正的高级教练机进行衔接。因此，在 21 世纪初，洪都便启动了新一代高级教练机“猎鹰”（L15）的研制。石屏担任顾问。

自从 20 世纪 90 年代以来，我国先后引进和生产了苏－27 系列战斗机，随着装备数量的不断增加，第三代战斗机飞行员的训练任务日益繁重。虽然现役双座新型战斗机的性能可以满足飞行员训练的要求，但由于价格不菲，使得部队难以大量从事新飞行员的训练，而趋向于采购价格相对便宜的教练机来进行高性能战斗机的飞行训练。

因此，研制新一代高级教练机成为一个迫在眉睫的需要。洪都经过充分研究和论证后认为，研制一种性能优良、设备先进的新型通用高级教练机具有一定的市场前景。该机不仅可以保持与上一代教练机衔接合理，同时还能充分满足未来先进战斗机使用要求，使飞行员平稳顺畅地过渡到第三代战斗机，从而有效地提高飞行训练质量、降低训练费用，大大减少换装一线战斗机所需的训练时间。

正是在这一背景下，“猎鹰”高教机应运而生。经过几年的发展，“猎鹰”高教机 01 架样机于 2006 年 3 月 13 日成功首飞，03、05 架也先后实现首飞并转入鉴定试飞阶段，在国内外引起强烈反响。

“猎鹰”新一代高级教练机

2009 年是一个喜庆的年份，10 月，迎来了新中国迈入 21 世纪的首次盛大国庆阅兵式，11 月，空军建军 60 周年，与此同时，重组后的中国航空工业迎来了 1 周年纪念。

10月1日，石屏主持设计的教8飞机参加了国庆阅兵式，在天安门上空接受人民的检阅。15架教8飞机由我国首批女歼击机飞行员驾驶，并作为12个梯队中最后一个压轴梯队出现。当天上午11时19分20秒，教8飞机飞过天安门广场上空，非常壮观。此时，对空飞行监控显示：12个梯队队形保持优良，跟进距离误差为零，准时进入误差为零！151架飞机米秒不差地接受检阅的震撼场面在那一刻深深烙印在亿万人民心中。

石屏从电视里观看阅兵式后，接受记者采访，他说："看到教8拉着三色彩带，由英姿飒爽的女飞行员驾驶，通过天安门，接受祖国和人民检阅，我心里感到无比自豪。"

在近3个月的试飞集训中，教8飞机一直保持100%完好率，20架集训飞机，平均每天不少于18架飞机参加训练，确保了近60个飞行日，累计达1800飞行小时。这样高强度的集训，对飞机的可靠性和维修性是一个考验。教8凭借其可靠性设计经受住了考验，成为国庆阅兵式上的一大看点。

一个月后，在重组后的中国航空工业成立1周年之际，石屏接受邀请，赴京参加"媒体日活动"。在昌平沙河机场，明亮的阳光照耀着挺直的白杨，屋顶上、草地间残存着尚未消融的白雪，远处直升机的轰鸣声不时传来。杨树掩映下的停机坪上，一字排着刚刚参加完2009年国庆阅兵的十余架飞机和地空导弹、雷达、伞兵战车等20型空军阅兵装备。

而国庆阅兵中12个机型的11名总设计师也首次"组团"亮相。石屏与李守泽、王希豹、孙聪、徐朝梁、杨凤田、周振国、唐长红、欧阳绍修、方锦星、张继高一同接受了记者的采访。

有记者问："K-8飞机现在的市场形势怎么样？"

石屏说："K-8飞机是一款好飞机，目前占国际基础教练机市场的75%。"

记者又问："您觉得歼10怎么样？"

石屏说："它是目前我国三代战斗机中最好的飞机。"

记者接着问："中国现在有第四代战斗机吗？"

石屏说："总有一天会有的！"

这样的回答不是随口而说的，这是石屏对中国航空工业日益强大所抒发的内心最真实的感受，同时，也是对航空强国的一种希冀与强烈的渴望。

随后，石屏一行来到刚刚完成扩建的中国航空博物馆，参观了中国航空百年展和英雄大道。石屏2003年参观过一次中国航空博物馆，当时，馆内只收藏了少量很老的飞机。而这次，新建的博物馆让石屏很震惊，不仅数量和品种大大增加了，最让人感到振奋的是，新中国最新研制的如歼10等飞机也收入了馆内，从这个馆内收藏的飞机身上，可以清晰感受到新中国航空工业由弱到强的变化。

在这里，石屏看到了自己设计的教8飞机，还有自己曾经参与研制过的初教6、强5、歼12等飞机。

穿越浩渺的历史长河，石屏走过一架架外观、性能、命运各不相同的飞机，看着它们，他深深感受到中华民族航空救国、奋发图强的精神意志，也能深切感受到中华民族深远的目光和中国航空事业深厚的历史积淀。

这些展品的背后，或充满辉煌，或布满血泪。它们承载的是中华民族在近代历史上对民族理想、国家意识和现代文明的不懈追求，是中华民族自尊自强、努力奋斗的历史印记，是人类的触角由"空"向"天"的延伸，思维由"空"向"天"的转型，行动由"空"向"天"的推进，而这一过程从来就没有停止过。

看着这些展品，石屏似乎感觉到，自己身上的担子又重了。

中国航空工业的体制机制在变，洪都的发展战略在变，世界在变，周围的人在变，可石屏没有变，他那悠悠航空情依然如旧。

在教 8 研制阶段，总设计师系统在 K–8 的基础上有了扩展，充实了年轻人，同时，石屏任命了年轻的总设计师助理，寻找合适的接班人。2003—2004 年，石屏将工作移交给了现任 K–8、教 8 的改进型总设计师张志林，从此，石屏放下了一线工作，专心研究他想钻研的课题。用他自己的话说，就是“又回到梦想之中”。石屏说，在多年的实际工作中，留下了很多问题，以前没有机会坐下来读书，现在，他可以全心投入学习、研究、思考。石屏总说：“活到老，学到老。科技工作者不学习，就会落后。”石屏在给他几十年才联系上的中学同学的信中写道：“我一直生活在梦想和希望之中，这种力量促使我自觉地工作，并不计较人家对我说什么，所以心情总还是乐观的。爱人去世后，我曾一度失去这种力量。经过这么多年领导和朋友春风化雨般的关怀，我又回到梦想之中，又可以追求希望了。”

现在，石屏的生活很平静。每天早上早起，到公园锻炼，打打太极。由于患有严重的支气管炎，冬天的早上便在家里的跑步机上跑上 10 来分钟。石屏的生活很充实，他经常出差。不出差的日子里，石屏坚持上班，他认为，只有上班才能让他保持一种不松懈的状态，保持学习和工作的效率，同时，也有利于健康。

生活上，石屏也开始自己照顾自己了。他听爱人的话，戒了烟，不再总是不修边幅了，出门也会好好打理下头发。爱人曾经说过石屏，说人家都叫你石总，你也得有个石总的样子，走路要少低头想问题，不然别人跟你打招呼你也不知道，头发也要理一理。

石屏没什么特别的爱好，除了打打太极拳，以前喜欢听听音乐，自从爱人走后，他再也不听了。这几年，石屏会经常上网。有一段时间，石屏还特意学盲打，闭着眼睛练习键盘打字，不过，还是没学会。现在，每天看完《新闻联播》后，他便开始上网，主要是查查资料，了解航空动态，掌握最新的航空技术。他要抓紧时间学习。

石屏的业余生活

2002年五一劳动节时，江西省委书记孟建柱专程来到石屏家中看望这位劳动模范。看到孟书记环视着他简陋的住房，显出不可思议的神情，石屏解释说，厂领导多次给他分配房子，可他嫌搬家太麻烦，太花时间，因此，一直住在一套60多米^{2}的房子里。这个家，除了电脑有点现代感，其他都是20世纪五六十年代的东西，而且有些家具还是石屏在“文化大革命”时亲手做的。是呀！时间，对石屏来讲，太宝贵了，他实在不愿意为搬家浪费时间。2006年，石屏才住进了洪都提供的新房内。

如今，石屏已经是79岁高龄了，无论在中国的任何一个领域，他早该赋闲在家，安享晚年。但在航空工业科研这块阵地上，他仍默默地耕耘着。以前他忙工作忘记下班，现在经常因为看书入神忘记下班。

虽然已经不再担任飞机型号总设计师，不直接参与飞机的设计，可石屏并没有因此休息。他现在是洪都集团飞机总设计师，参与各类飞机设计方案的咨询评审，许多飞机设计过程中遇到的困难和问题，他都会参与研究解决。石屏不仅负责本单位飞机设计的评审，还常常作为专家组的成员，奔赴全国各地，参加本行业的大项目咨询和审查。同时，石屏担任着江西省科协副主席、省科技委副主任的职务，他经常参加省里组织的学术交流活动，从事技术普及工作。这样一来，一年有1/3的时间，石屏都在为航空事业奔波操劳。石屏有时候跟人开玩笑地说：“跟飞机打了这么多年交道，可之前坐飞机的次数总和还没这几年多。”

另外，石屏给自己下达了一个任务，那就是尽力引导帮助年轻人喜欢航空、热爱航空、献身航空。每年飞机研究所都会招收新的大学毕业生，石屏总会给他们专门上一堂航空人爱岗敬业的讲座。此外，石屏还偶尔到北京航空航天大学、南京航空航天大学、南昌航空大学等院校讲学，把自己近半个世纪航空生涯积累下来的经验，无偿变为大家共享的资源和信息，让莘莘学子更加了解航空，为国家培养更多的航空人才。对于这些，石屏感慨地说："看着一个个年轻人成长为祖国航空事业的接班人，那是我最感欣慰和自豪的事。"

K–8飞机如今已经形成了较大的产销规模，前景十分看好。有人对石屏说，功成名就，你应该感到很满足了吧。石屏却说，飞机首飞、定型、成批生产只是一个过程，离成功还很远。只有商业成功了，才算胜利了。在他的预计中，K–8系列飞机现在正处在成长期，应该有1000架以上的市场。但是世界航空技术发展日新月异，K–8如果不跟进前沿技术，原来的领先优势就不能保持。作为曾经的K–8总设计师，他有责任去不断地完善它，保持它的市场生命力，搞好外场服务。跟踪前沿科技，实现与国际接轨，还有大量的工作要做。石屏79岁的人了，身上却仿佛蕴含着无尽的能量。看着石屏专心沉浸在工作中，埋头在科技文献中，还是以前忙忙碌碌的样子，同志们打心眼里佩服他，并受到鼓舞，增加了力量。有一位老同志看到石屏就说："多年不见，你还和以前一样。"石屏指着脸笑着看着对方。这位老同志说："老年斑你早就有，我说的是精神状态。"石屏爽朗地笑了，表示谢谢鼓励。

从旧社会到新中国，石屏始终保持着一颗爱国、爱航空的心。他也时常庆幸，在他的一生中，没有大起大落，自己生活在祖国航空事业蓬勃发展的黄金时代。浩瀚缥缈的蓝天，如奇峰迭起，明珠璀璨，等待着不畏艰险的科学工作者去采撷。石屏以辛勤的劳动和百倍的努力，漫游在广阔无垠的科学领域，探索着大自然的奥秘。

蓝天充满了诗情画意，蓝天上的事业却充满了艰辛。发展和壮大祖国的航空事业，是航空科技工作者光荣而神圣的使命。作为新中国航空工业的一名创业者，石屏选择了飞机设计，就意味着选择了责任，选择了奉献，选择了比常人更多的付出。在这条充满创造而又充满坎坷的道路上，石屏忠诚地实践着自己的理想，走出了一条闪光的人生轨迹。和飞机打了一辈子交道，飞机已经融进了石屏的生命，成为不可分割的一部分。为了飞机，石屏矢志不渝，从未停息。

如洗的蓝天是石屏心中永远的情结。回首自己的过去，石屏归结为一句话，“我的一生，是忙忙碌碌、平平淡淡的一生，普通的一生，无怨无悔的一生。”石屏的老同学概括了石屏的生命历程：“一路春风暖，最美夕阳红。”说的是，石屏一生都受到党的关怀，家人、同事、朋友的友谊和爱的支持，在 52 岁以后，逐步走向他技术的高峰，现在仍在继续前进。

大鹏展翅，搏击于万里长空。石屏，从鄱阳湖畔走出来的院士。随着荣誉的纷至沓来，他深感自己肩上的重任。他认定毕生要为航空事业奋斗，像白云一样把毕生的精力奉献给浩瀚的蓝天，去书写闪光的航空人生，放飞更新、更高、更远的理想。

有生之年，石屏有一个愿望，那就是“1000 架 K-8 系列飞机！”为了这个目标，石屏仍搜集信息，根据市场需求，致力于 K-8 飞机的改进改型。石屏说：“每一种产品都有自己的生命周期，

洪都试飞线上一片繁忙的景象

K–8 目前正处在成长期，我已年逾古稀，我要在有生之年，尽我所能让 K–8 飞机保持旺盛的生命力。在我有生之年，看到我的祖国成为航空强国。”

关山无数，岁月如梭。石屏正一步一个脚印地实践着他的梦想……

附　录

世界军用教练机状况及我国新一代喷气教练机的发展①

石 屏

一、各国训练体制

教练机是训练飞行员不可缺少的装备。将新学员训练成为合格的战斗机飞行员是个循序渐进的过程，一般将这个过程划分为4个训练阶段，即筛选/初级训练阶段，中级（或称基础）训练，高级训练和转换机型的作战训练。前3个阶段的训练是在训练基地（或航校）完成。

由于各训练阶段对教练机的要求不同，各国都采用几种教练机来完成飞行训练，形成了各自的训练体制。

各国训练体制的演变

国家	各训练阶段所用机种	筛选/初级训练	基础训练	高级训练
美国	过去体制	T-41	T-37	T-38
	新体制	T-41	T-45A	T-38
英国	过去体制	“斗犬”	“喷气校长”MK5	“猎人”
	新体制	P164	TUCANA	“鹰”
苏联	过去体制	雅克-18	L-29	乌米格-15
	新体制	雅克-52	L-39	乌米格-21
法国	过去体制	CAP-10	“教师”CM-170	“阿尔发喷气”
	新体制	“爱普西隆”	“富加”-90	“阿尔发喷气”
日本	过去体制	T-34、T-3	T-1、T-35	T-2
	新体制	T-34	MT-X	T-2
意大利	过去体制	SF-260	MB-326	G91
	新体制	SF-260	MB-339	
中国	过去体制	雅克-18	雅克-11	乌米格-15
	新体制	初教6		歼教5

① 本文1984年上报航空工业部。

上述体制中仅列出取得飞行员资格的航校训练阶段，转入战斗部队必须进行转换机型和作战训练后才能获得战斗值班的资格。

筛选飞行和初级训练的任务，是使学员在心理上和生理上适应飞行，并掌握初步飞行技能，一般都是在活塞式螺旋桨教练机上进行。

基础训练（中级训练）的任务，要求学员掌握基本的驾驶技术，能完成特技、编队、仪表、夜航等全套飞行课目。

高级训练的任务，要求提高飞行技术，进行武器训练，为毕业后转换机型、掌握战斗技能做准备。

二、喷教机的发展趋势

70—80 年代发展的教练机近 37 种，其中活塞式飞机 6 种，涡轮螺旋桨式 12 种，喷气式教练机 19 种，其中涡轮风扇 14 种，涡轮喷气 5 种。活塞式飞机用于筛选和初级训练，中级训练一般用喷气式教练机，近年有用涡轮螺旋桨飞机的，高级训练则全是喷气式教练机。

1948 年，美国 T–33“流星”喷气式教练机问世后，相继出现了 T–37、“喷气校长”、“教师”等教练机，现在喷气式教练机正在更新。

各国更新教练机的目的，是减少训练机种，提高训练效率和训练质量，降低训练费用，主要是降低全寿命的使用费用。其发展趋势可归纳如下：

1. 更新性能低、设备陈旧的老机型

以美国空军为例，目前训练用的主要机种是 T–37、T–38 喷教机。

T–37 自 1955 年服役以来，因机上没有座舱增压设备，只能在 7600 米以下飞行训练；飞机载油量少，限制了导航训练；由于设备陈旧，受气象条件限制，有近 15% 的预定任务完不成。因此于 1977 年停产，美国空军于 1979 年 6 月提出对下一代教练机招标，要求在

1988年用新喷教机顶替T-37，有5家公司8个方案参加投标，最后费尔柴尔德公司获得1.04亿美元合同，研制T-46A，加雷特公司获得1.21亿美元的合同，研制F109-GE-100涡轮风扇发动机。到1992年，空军计划购买650架，价值15亿美元。

美国空军使用T-46A前后体制对比

<table>
<tr><td rowspan="2">现在</td><td>飞行小时</td><td>30</td><td>74</td><td>101</td><td rowspan="2">共205飞行小时</td></tr>
<tr><td>机型</td><td>T-41</td><td>T-37</td><td>T-38</td></tr>
<tr><td rowspan="2">使用T-46A后</td><td>飞行小时</td><td>25</td><td>75</td><td>75</td><td rowspan="2">共175飞行小时</td></tr>
<tr><td>机型</td><td>T-41</td><td>模拟器/T-46A</td><td>T-38</td></tr>
</table>

2. 缩短训练周期

日本航空自卫队训练一个合格的战斗机飞行员，空中飞行训练达395小时，总训练时间29.5个月，比美、英、法三国培养飞行员的时间长100～155小时。为了缩短飞行训练时间，日本防卫厅决定研制MT-X中级喷教机，使训练周期缩短90飞行小时。

3. 减少训练过程使用机种的数量

日本航空自卫队使用MT-X后的体制

<table>
<tr><td rowspan="2">现在</td><td>飞行小时</td><td>80</td><td>70</td><td>155</td><td>255</td><td>343</td><td>395</td><td>425</td></tr>
<tr><td>机型</td><td>T-34</td><td>T-3</td><td>T-1</td><td>T-33</td><td>T-2</td><td>T-2</td><td>F-4EJ</td></tr>
<tr><td colspan="2">训练阶段</td><td colspan="2">初级</td><td colspan="2">中级</td><td>高级</td><td colspan="2">战术训练</td></tr>
<tr><td rowspan="2">将来</td><td>飞行小时</td><td>80</td><td>70</td><td colspan="2">220</td><td>305</td><td colspan="2">335</td></tr>
<tr><td>机型</td><td>T-34</td><td>T-3</td><td colspan="2">MT-X</td><td>T-2</td><td colspan="2">F-4EJ</td></tr>
</table>

统计表明，从一种机型转换到另一机型的训练要多飞10～20飞行小时，训练体制中机型多，则使用维护管理复杂，费用大。用一机代替两机或一种飞机担负两个训练阶段的任务，日本用MT-X代替T-1A/B和T-33，英国用“鹰”式飞机代替“蚊”式、“猎人”，意大利用MB-339代替MB-326和G91T。70年代以来发展的初/中，中/高级喷气教练机都是为了这个目的。

4. 不研制专用超声速高教机

新一代战斗机，如F-15、F-16、F/A-18、“幻影”2000、米

格 –23 等自动化程度高，并不比它们所取代的战斗机更难操纵；战斗机的进场速度与喷教机进场速度差距越来越小，70 年代差距约 129 ~ 148 千米 / 时，80 年代这种差距缩小到了 46 ~ 54 千米 / 时；同时超声速飞机与亚声速飞机比较，超声速飞机的成本和使用维护费用、后勤保障费用高出许多。对新一代喷教机各国都没有提高超声速飞行要求，多数国家飞完亚声速喷教机即上战斗机的双座教练型训练。如在苏联，飞完亚声速 L–39 喷教机即上乌米格 –21 战斗机双座教练型训练。

5. 使用地面模拟器

使用模拟器可减少空中飞行时间。随着现代技术的发展，模拟器可以给学员接近真实飞行条件的感觉，并且费用低、安全，不受气象条件的限制，可完成多种课目的训练。

6. 降低训练费用，发展效费比高的飞机

1980 年，英国训练一个符合连队标准的飞行学员需要花费 53 万美元，训练到能在高速喷气战斗机上服役的要花费 170 万美元的训练费，随着飞机价格和燃油价格上涨，训练费激增。因此，各国均在训练体制及所用机型上力求降低费用的方法。

有的国家选择经济效益高的训练体制，如采用模拟器减少空中飞行时间；选用性能较高的初级和中级教练机，及早淘汰不适应的飞行学员，以减少花费。有些国家，主要是西欧，鉴于“鹰”和“阿尔法喷气”用于中级兼高级训练不经济，要求发展涡轮螺旋桨中级教练机。因此，80 年代出现了一批涡轮螺旋桨教练机（见附表 2）。

采用耗油率低的涡扇发动机。

尽早根据学员最终使用的飞机来培训学员，新喷教机在设备配置上接近现役战斗机。

研究效费比高的飞机，如意大利马基公司根据长期使用 MB–326 的经验，研制成功采用涡喷发动机“威派尔”MK632 作动力的 MB–339 喷教机。根据论证，MB–339 飞机每飞行小时的总费用比采用涡扇发动机作动力的“鹰”式、“阿尔发喷气”等教练机低，而且可达到相近的训练水平。罗马尼亚等国也在发展以“威派尔”涡喷发动机作动力的教练机。

7. 要求高级教练机经过改装能完成近距支援任务

三、我国新一代喷教机技术要求

1. 现在的训练体制

多年来，我国空军训练战斗机飞行员的程序，是从预校选送到航校的学员先在初教6螺旋桨教练机上训练155小时，然后在歼教5喷气教练机上训练85小时，航校结业，学员分配到部队后在战斗机歼5、歼6上训练180 ~ 240小时，学员才能参加战斗值班。

经过多年实践，这种训练体制虽为我国培养了一大批飞行员，同时也暴露了缺点。突出问题是，学员上歼教5时淘汰率高，训练周期长。初教6是螺旋桨初级教练机，但在航校训练中实际上担负了初级和中级训练任务，初教6和初教5两个机型飞行性能相差大，操纵特点不同，座舱布置各异，学员在初教6飞行时间太长，形成习惯，转飞歼教5难以衔接。因此，训练体制不适应是淘汰率高、训练周期长的主要原因。

淘汰率

国别	初级阶段淘汰率 /%	中级阶段淘汰率 /%	高级阶段淘汰率 /%	总淘汰率 /%
美国	11	13.5	5	约 30
中国	—	30	10	约 40

训练周期比较

训练时间 / 国别	航校		部队		总计	
	日历时间	飞行小时	日历时间	飞行小时	日历时间	飞行小时
美国	1年	200	1年	100	2年	300
英国	2年3个月	275	8个月	60	3年	335
日本	2年10个月	408	6个月	80	约3年4个月	488
西德	1年2个月	180	2.5个月	30~40	1年6个月	约 220
苏联	2年	280	1年6个月	150	3年6个月 ~ 4年	430
中国	3年	250	2年	180~200	5年	430~450

2. 新的训练体制

我国战斗机正在更新，必然要求改变现行训练体制，才能适应训练要求，根据我国现在教练机的情况、我国的训练特点以及国外教练机的发展经验，我们设想了一种新的训练体制，即：筛选 / 初级训练用初教 6，中高级训练用教 8，高级训练用歼教 7。

（1）初教 6 是性能很好的初级教练机，歼教 7 已经研制成功，因此只要研制教 8 就可完善训练体制。如果研制超声速或跨声速喷教机，则可能和英国一样，再研制涡桨教练机，以取代初教 6，即要研制两种飞机。

（2）这种训练体制与苏联的训练体制相同。因教 8 的性能与 L–39 相当，歼教 7 与乌米格 –21 相当。毕业后要驾驶高性能战斗机的学员要经过歼教 7 训练，一般战斗机飞行员经过教 8 训练即可毕业。意大利就是用 MB–339 进行高级训练，根据意大利空军的经验，用 MB–339 比用高亚声速的“鹰”和“阿尔发喷气”的效费比还高。

（3）这种体制用教 8 可减少初教 6 的数量，并取代歼教 5。歼教 5 的平均油耗为每分钟 26 升，教 8 平均油耗可低于每分钟 13 升；歼教 5 用的涡喷 5 乙发动机总寿命为 1600 小时，返修寿命为 200 小时，教 8 选用的发动机总寿命为 10000 ~ 12000 小时，热部件检查为 120 小时，返修寿命为 3600 小时，且为单元体结构，使用维护方便，因此采用这种体制会大大降低训练费用。

3. 我国新教练机的技术要求

为适用上述训练体制的需要，新教练机为喷气教练机，能完成中 / 高级训练课目、螺旋飞行训练，并担负武器训练任务。根据训练体制的要求并参照常装（1975）15 号文件的精神，确定技术要求如下。

（1）飞行性能

最大平飞速度　750~800 千米 / 时

海平面爬升率　25~30 米 / 秒

实用升限	11000~12000 米
留空时间	能连续两次完成复杂特技课目的飞行训练，每次 30~40 分钟
基本航程	约 1000 千米
起飞离地速度	约 180 千米 / 时
起飞滑跑距离	450~500 米
着陆接地速度	约 160 千米 / 时
着陆滑跑距离	400~450 米
最大使用过载	+7.33 ~ –3

（2）座舱及救生系统

座椅串座排列，座舱尺寸符合军用飞机标准，采用气密座舱，配备调温通风增压设备，保证两名飞行员全程供氧。

为保证飞行员应急情况下安全离机，应能有效地弹射救生。

（3）机载设备

应能完成 3 种气象条件下的训练任务。

（4）其他要求

- 飞机用一台喷气发动机
- 正常起飞重量　3200~3300 千克
- 外挂重量　约 600 千克
- 可增挂副油箱
- 便于铁路运输

四、研制中的教 8 喷教机

1. 概况

根据前述训练体制和技术要求，进行了新教练机方案论证，暂定名教 8。教 8 为轻型中 / 高级教练机，能完成航线起降，空域特技，导航飞行，编队飞行，仪表飞行，夜航及螺旋训练，并可进行对空对地攻击训练。

教8采用下单翼，正常式尾翼布局，起落架为前三点可收放式。

发动机选型是教练机发展的关键，曾研究了多种利用国产发动机及其改型机的设计方案，均不可行，为此研究了外购发动机的3种可能，即CJ610–8A(涡喷)，JT15T–5/8(涡扇)，TFE731–2(涡扇)。这3种发动机推力相当。

3种发动机性能

发动机	推力/千克力①	耗油率/(千克/(千克力·时))	重量/千克	长度/毫米	直径/毫米	空气流量/(千克/秒)	推重比
CJ610–8A	1338	0.97	186	1027	446	20	7.2
JT15T–5/8	1315	0.562	291	1534	686	36	4.5
TFE731–2	1588	0.49	283	1263	716	51	5.6

①1千克力=9.8牛。

CJ610–8A为J85非加力型的发展型，属于J85系列涡轮喷气发动机，采用该系列发动机的教练机有T–38(美国)，T–2C、CL–4I(加拿大)，SAAB–105（瑞典)，均为现役飞机。

采用JT15D系列涡轮风扇发动机的教练机有S.211（意大利)、P164（英国)、PEYGYINE（美国)。

采用TFE731–2涡扇发动机的飞机有C.101（西班牙)、AT–TC–3（中国台湾)。

考虑到CJ610–8A为成熟发动机，寿命长、维护简单，与JT15D、TFE731相比，由于速度特性好、推重比大，可以获得较好的飞行性能。从国际市场价格看，同推力级的涡轮风扇发动机比涡轮喷气发动机价格高20% ~ 30%。为此，对CJ610–8A方案进行了较详细的方案论证，进行了低速风洞试验，并正在装配木质样机。

选用JT15D、TFE731–2的飞机速度大但爬升率略低，因为发动机资料不全，现尚未作详细计算。这两种涡轮风扇发动机的特点是耗油率低，噪声小。

（1）飞机主要技术数据

飞机全长（含空速管）	10.85 米
（不含空速管）	10.23 米
翼展	9.92 米
机高	3.74 米
机翼面积	17.51 米^2
主轮距	3.00 米
前主轮距	3.78 米
起飞重量	3200 千克
空机重量	2175 千克
超载起飞重量	3800 千克
最大平飞速度	约 800 千米 / 时
海平面爬升率	34 米 / 秒
升限	约 13000 米
航程	1100 千米
最大航程	1750 千米
续航时间	2 小时 15 分
最大续航时间	3 小时 9 分
起飞离地速度	180 千米 / 时
起飞滑跑距离	420 米
着陆接地速度	150 千米 / 时
着陆滑跑距离	400 米

教 8 喷教机的主要特点是：

a. 飞行速度范围宽：飞机接地速度 150 千米 / 时，最大飞行速度 800 千米 / 时，最大飞行速度与接地速度之比超过 5。

b. 机动性好：飞机海平面爬升率达 34 米 / 秒，在 4 千米高度能作持续过载 4 的水平盘旋。能完成全套复杂特技动作、螺旋训练和攻击训练。

c. 满意的失速特性：具有明显失速告警，飞机进入失速和缓，使用安全。

d. 发动机安全可靠，使用寿命长。

e. 维修方便，出勤率高。

（2）总体设计

飞机气动特性的好坏取决于机翼的设计。为了确定机翼最优参数，用电子计算机先后计算了120多种机翼方案，其中4组机翼进行了风洞试验。现选定的机翼面积为17.51米^2，展弦比5.62，根梢比2.15，主梁后掠角为0度，选用NACA642、A116为翼根剖面翼型，翼尖剖面用NACA642、A414，翼尖相对翼根几何扭角为2度。这组机翼的特点是：

a. 具有良好的失速特性。这是一组典型的亚声速层流翼型。机翼失速属于后缘失速型，即机翼失速从机翼后缘开始。失速后机翼升力和缓下降。设计时控制机翼开始失速点在半翼展40%处，这样既保证了大迎角翼尖部位副翼操纵有效，又使机翼升力损失小，失速裕度大，与平尾适当地配置产生明显的失速告警，能有效地保证大迎角小速度飞行和螺旋飞行安全。

b. 升力特性好。机翼最大升力大，失速临界迎角大。

机型	C_{YMAX}	K_P	C_Y
教8	0.95	17.4	0.075
L-29	0.885	14.4	0.0695

c. 机翼剖面是层流翼型。在升力系数0.01 ~ 0.4范围有一个最小阻力带，飞机的主要飞行状态处于最小阻力区内。

机翼采用下单翼布局，可有效地利用地面效应使飞机着陆接地升力系数增大到1.58。下单翼机翼可以设计成整块式，使传力路线最短，减轻结构重量，同时主起落架支柱短，并合理利用结构空间。

水平尾翼是保证飞机纵向操稳特性的主要部件，设计时特别注意到大迎角飞行条件下的有效性。平尾面积3.85米^2，选用NACA642、A012翼型，升降舵面积2×0.64米^2，最大偏角 ±28度。

为降低飞机着陆接地速度，与初级教练机衔接，设计了后退式增升襟翼。相对展长为41.4%，放下最大角度为30度，使飞机着陆接地升力系数达到1.58，着陆接地速度150千米/时。

飞机横向操纵采用轴式补偿副翼，面积为2×0.63米^2，最大偏角 ±18度。

CJ610–8A型涡喷发动机起飞推力1338千克力，耗油率0.97千克/（千克力·时），净重186千克。采用8级轴流式压气机，环形燃烧室，2级涡轮。收敛形固定喷口。部件为单元体结构，拆卸维修方便。CJ610–8A发动机具有推重比大，工作可靠，寿命长等优点。

教8飞机采用两侧进气。亚声速进气口，设计点为地面起飞状态，进气口面积为0.14米^2，内管道长3.8米，为使进气口在飞行包线范围内处于亚声速条件下工作，唇口外形采用修正的NACA–1系列标准剖面。通过试验和计算，进气道起飞状态总压恢复系数为0.91～0.93，飞行状态为0.96～0.97，为排除机头边界层气流进入进气道，进口处有宽40毫米边界层隔道。

为提高喷口效应和冷却发动机，尾喷口与机尾罩组成一个收敛引射喷口。

2. 飞机的总体布置

在进行飞机的总体设计时，特别注意座舱合理布置和使用维修方便。

飞机座舱串排，前舱为学员，后舱为教员。飞行员视界宽，学员前视角为14.5度，后舱教员视线高出学员视线280毫米，保证前视角5度，飞行员侧方视界良好。

飞机座舱口框有效宽度为680毫米，弹射通道达760毫米，保证了飞行员应急安全离机。采用Ⅰ型火箭弹射救生座椅，弹射顺序是先抛后盖，弹后椅，再抛前盖，弹前椅。

座舱气密式，配有自动调压、调温装置和氧气设备。前风挡有热气防冰系统，前后舱活动舱盖右侧翻开，飞行员方便出入。

教 8 采用前三点可收放式起落架。前、主支柱都为半摇臂式。当飞机中心处于极后限（27%6A）时，防倒立角为 17 度 23 分、侧翻角约 36 分、擦地角为 15 度 44 分，可保证飞机起落迎角适当。前轮尺寸 400 毫米 ×150 毫米，向前收入机身前端，主轮 560 毫米 ×160 毫米，向内收入翼根。

教 8 机内载油 820 千克，分装在机身两个薄壁软油箱和两个机翼整体油箱内。机翼下挂两个 250 升的副油箱用于转场。这些燃油集中安放在飞机重心附近，以减少燃油消耗引起飞机重心变化，采用重力加油。根据用户要求，可增装单点压力加油。燃油系统有保证飞机倒飞时的安全输油装置。

液压系统工作压力为 210 千克力 / 厘米 ^{2}，用于减速板襟翼和起落架收放。冷气系统用于机轮刹车和应急放起落架。教 8 飞机采用前后舱联动的杆式脚蹬操纵，通往各活动面用硬式拉杆摇臂传动。

通信导航及电气设备的成件集中安放在前设备舱和后驾驶舱下面，两侧有快卸维修口盖，可达性好，维修检查方便。

发动机从机身开口处吊装，在附件部位还开设了专门的维修口盖。

3．飞机结构

飞机为全金属结构，用常规高强度铝合金和少量常规合金钢，以减少研制费用，降低飞机成本。机翼为单梁式结构，分中翼和外翼。中翼横穿机身并与机身固定，外翼可拆卸，以便铁路运输。水平尾翼和垂直尾翼的安定面均为双梁式结构。舵面为单梁式结构，可以从机身拆卸，便于运输。机身为桁梁式结构，机身不分段。

教 8 飞机机体采用破损安全设计原则进行设计。

教 8 飞机为全机动教练机，最大使用过载为 +7.33 ～ –3.0。

4．飞机设备及武器系统

飞机选用的设备与飞机技术性能相匹配，功能齐全，使用可靠，能保证飞机在 3 种气象条件下安全飞行。在安排上，为满足不同国家的需要，设备可以换装。将根据空军需要和我们电子设备的发展情况，选择与战斗机相接近的飞机的通信导航设备，试飞样机的主要设备如下：

通信：CR–3 型超短波电台

JT–2A 型机内通话器

导航：WL–7 型无线电罗盘

WG–4 型无线电高度表

XS–6 型信标接收机

电源：起动发电机与 CJ610–8A 发动机配套引进

辅助电源：镍镉蓄电瓶

仪表：

航行仪表

高度表

空速表

升降速度表

转弯表

地平仪

陀螺磁罗盘

时钟

发动机监控仪表：与发动机配套引进

各系统工作监控仪表：用常规仪表

座舱采用红光照明。

教 8 为适应武器训练，可加装火控设备和武器。机身腹部左侧可装航炮 –23 吊舱，吊舱备弹量 80 发。机翼下有 4 个挂点，内侧两个点挂 50 千克、25 磅[①]的训练炸弹和 250 升副油箱，外侧挂点可挂 57–1、57–2 火箭筒及 50 千克、25 磅训练炸弹。驾驶前舱加装射瞄 –2 甲（改）型光学瞄准具及 776 型照相枪。

① 1 磅 =0.4536 千克。

附表 1　筛选 / 初级教练机

型号	初教 6（中国）	雅克 -52（苏联）	T–41（美国）	CAP–10（法国）	CT–4（澳）	L–70
发动机功率 / 马力①	285	—	180	—	210	200
起飞重量 / 千克	1400	1290	1156	760	1088	1250
最大速度 /（千米 / 时）	300	285	222	270	426	240
着陆速度 /（千米 / 时）	90 ~ 100	110	—	95	—	143
爬升率 /（米 / 秒）	6.5	10	4.5	6	6.9	5.2
升限 / 米	6250	6000	5180	5500	5455	5000
续航时间 / 小时	3.9	—	—	—	5.5	6.4
过载	+6 –3	—	—	—	—	+6 –3

① 1 马力 =745.7 瓦。

附表 2　涡轮螺旋桨教练机

型号	PC–7（瑞士）	PC–9（瑞士）	教 80TP（芬兰）	EMB312（巴西）	EPSILON（法国）	SF–260TP（意大利）
发动机功率 / 马力	550	950	360	550	350	350
起飞重量 / 千克	2700	3210	1900	3175	1400	1300
最大平飞速度 /（千米 / 时）	412	500	340	411	400	400
最大爬升率 /（米 / 秒）	10	20	10	11	10	11
航程 / 千米	1200	1242	1500	1844	1343	940
过载	+6 –3	+7 –2.25	+7 –3.5	+6 –3	+6 –3	+6 –3
座椅形式	串座	串座	并座	串座	串座	并座

高级教练机

型号	歼教 5（中国）	T–38（美国）	T–2（日本）
推力 / 千克力	2700	2×1216 2×1748（加力）	2×2136 2×3207
起飞重量 / 千克	5401	5485	9806
最大平飞速度 /（千米 / 时）	1048	*Ma*1.28	*Ma*1.6
最大爬升率 /（米 / 秒）	37.2	162	177.8
升限 / 米	14300	16335	15240
航程 / 千米	670	1759	2593
离地速度 /（千米 / 时）	250 ~ 270	—	—
起飞滑跑距离 / 米	780 ~ 830	756	910
接地速度 /（千米 / 时）	220 ~ 230	—	—
着陆滑跑距离 / 米	1000 ~ 1050	930	610
过载	8	—	—

借鉴国外经验发展我国的新教练机[①]

石屏

教练机是训练飞行员不可缺少的装备。将一名新学员训练成为合格的战斗机飞行员是个循序渐进的过程，这个过程一般可划分为4个阶段，即筛选/初级训练阶段、中级(或称基础)训练阶段、高级训练阶段、转换机型和作战训练阶段。前3个阶段通常在航校完成。

由于各训练阶段对教练机的要求不同，多数国家都采用几种教练机来完成飞行训练，并形成了各自的训练体制。

近年来，随着现代喷气战斗机的迅速发展，现有的一些教练机和训练体制已不能适应训练的要求了。为此，不少国家开始换装或考虑发展新型教练机，并相应改变训练体制，以求提高训练效率，降低训练费用。

一、教练机体制的发展趋势

70—80年代，世界上发展的教练机有37种，其中活塞式教练机6种，涡桨教练机12种，喷气教练机19种。活塞式教练机用于筛选/初级训练，中级训练一般用喷气教练机，高级训练则全用喷气教练机。训练体制的演变及教练机的更新，反映了下列发展趋势。

1. 淘汰老教练机

50—60年代服役的T-33、“教师”、“喷气校长”、T-37等第一代喷教机由于系统及机载设备落后，训练效率低，使用维护费用高，正在相继停产，拟由新研制的先进喷气教练机取代。

① 本文发表于1986年《航空杂志》。

2．减少训练机种，缩短训练周期

统计表明，从一种机型转换到另一种机型的训练要多费10 ~ 20飞行小时。机型多，使用维护和管理复杂，费用也高。因此，一些国家已采取措施用一机代两机或用一机担负两个训练阶段的任务。例如，英国用“鹰”式取代“蚊”式和“猎人”，意大利用MB-339取代MB-326和G91T，日本用T-4取代T-1和T-33。由于训练效率提高，又减少了机型转换的时间，使总的训练周期缩短。

3．使用地面模拟器

使用模拟器可减少飞行时间，降低费用。模拟器不受气候条件限制，可完成各种训练课目。

4．不研制专用超声速高教机

各国对下一代教练机均未提出超声速要求，理由是：新型战斗机自动化程度高，并不比现役的和老式的战斗机难操纵；跨、超声速的飞行特点可在部队的转换机型上感受；新战斗机与新教练机间的进场速度之差越来越小，据统计，目前这个差距已缩小至40 ~ 60千米/时；亚声速飞机的购置费和使用维护费比超声速飞机低得多。

5. 采用效费比高的飞机和经济性好的训练体制

意大利空军认为，亚声速的MB-339可达到与高亚声速的“鹰”式和“阿尔发喷气”相近的训练水平，而购置费和使用维护费却比后两种飞机低40% ~ 50%，MB-339是以效费比高取胜的教练机。因此，意大利空军决定用它作为中/高级教练机，澳大利亚空军也准备这么办。

英军鉴于“鹰”式飞机作为中/高级教练机经济性不好，便招标发展新的中级教练机，先后选用了P164(涡扇发动机)和肖特公司的“巨嘴鸟”(涡桨发动机)。同样，法军选择“富加”-90(涡扇发动机)作为中级教练机，而不用“阿尔发喷气”进行中/高级全程训练。

6. 要求中 / 高级教练机经过改装，能作为近距支援攻击机

二、我国的新教练机

我国现行的初教 6—歼教 5 训练体制存在着训练周期长、效率低和经济性差等缺点。为此，早在 70 年代初，空军就提出了研制新喷气教练机的要求。由于国产发动机选型困难、经费不足等原因，以致耽搁了时间。现在的条件比那时好多了，我们应该不失时机地抓紧论证工作，加快研制先进喷气教练机的步伐。

研制新教练机，必然要涉及到飞行训练体制的改革。我们建议，今后航校和训练基地应采用初教 6—新教练机—歼教 7 新训练体制，理由如下。

1．体制可行

这种体制与苏联现行的雅克 –52—L–39—乌米格 –21 训练体制相当，并综合了西方 70 年代以来新喷教机的设计和使用经验。一些公司和空军部门认为，高级喷教机的最大速度在 750 ~ 1000 千米 / 时之间就行了，因为重要的不是大速度，而是机动性能、起降性能、系统和座舱布置等要与战斗机相近，能进行攻击训练。因此，美国计划用 T–46A 去衔接超声速教练机 T–38。澳大利亚空军的训练体制是从 MB–339 毕业后，学员到部队飞 F/A–18 双座型，即转入 F/A–18 战斗飞行。

洪都提出的一种新型喷气教练机方案，其性能相当于 L–39 和 MB–339，并优于 T–46A。一般战斗机飞行员经该机训练后即可毕业，毕业后要驾驶高性能战斗机的学员则转入歼教 7 训练。

2．经济性好

我国已有初教 6 和歼教 7，只要研制一种新机，即可完善训练体制，研制费用低。新教练机服役后，可减少初级教练机的数量和飞行时间，并取代歼教 5。歼教 5 的平均油耗为每分钟 26 升，新教练机的平均油耗可低于每分钟 13 升，而且其发动机的翻修寿命长

(3000 ~ 3600 小时)，维修简单，因此全寿命的使用维修费用低。

三、新教练机的技术要求

新教练机在空军的训练体制中属于中 / 高级，要求能完成起落、导航、编队、仪表飞行夜航、空域特技、螺旋训练以及对空、对地攻击训练。这种飞机应突出如下特点：

（1）有较大的速度范围，以便与初教 6 和歼教 7 衔接。

（2）良好的机动性，要有较高的爬升率、持续盘旋过载能力、最大过载能力和良好的加减速性能。

（3）较长的留空时间，可以连续完成两次空域特技训练。

（4）机载设备尽可能与战斗机接近。

（5）可以进行攻击训练，经过改装可以执行近距地面支援任务。

洪都目前正在进行这种新教练机的方案设计，并已制出了木质样机。今后将根据空军提出的战术技术要求，作进一步的论证和改进，以满足空军的训练要求，为发展我国具有世界先进水平的新教练机做出贡献。

怎样做一个飞机总设计师①

石　屏

一、军用飞机研制程序

1. 研制程序

飞机研制是一项复杂而且周期长的系统工程，通常分几个阶段进行，开始是拟定飞机战术技术要求，一般由军方(使用部门)负责。第二阶段是概念设计，它与战术技术要求有重叠，因为概念设计阶段也要进行技术经济可行性论证，如需要的新技术、新材料、可能达到的技术水平以及研制经费和周期，有什么技术风险等。第三阶段是初步设计，主要包括两项内容，飞机方案设计以及结构和系统的打样设计。第四阶段是详细设计，主要是发出生产图样和资料。第五阶段为原型机生产和试验，第六阶段为鉴定试飞，获得设计定型后转入第七阶段小批量生产，第八阶段为改进改型。见表 1。

每个国家都有各自的研制程序，战术技术要求的提出，各阶段划分所用文件及其批准程序均不一样，但都包括上述 8 个阶段的工作内容。

2. 飞机设计

飞机设计是一个反复迭代的过程，如图 1 所示。

战术技术要求是军方提出的，而这个要求是要经过几次迭代才能颁发。承制方在概念设计和详细设计分析中遇到问题仍要反馈到军方去研究，修改或补充要求。

3. 样机鉴定

按鉴定的目的划分样机，可分为 3 类：

① 本文为 2001 年与埃及飞机研发中心的总设计师交流的材料。由于数字化设计制造及并行工程推广，本文所述研制程序及样机鉴定均有很大变化。

表 1　军用飞机研制程序简图

阶段	战术技术要求和技术经济可行性论证	概念设计	初步设计	详细设计	原型机生产及试验	鉴定试飞和设计定型	试用和生产定型	改进改型
程序	战术技术要求论证(设计要求) → 技术经济可行性论证 → 评审 → 批准战术技术要求 →	概念设计 → 评审 → 飞机研制方案 →	初步设计 → 样机设计制造 → 样机审查 → 飞机研制总要求 →	详细设计 →	原型机生产 → 试验 → 评审 → 首飞 →	鉴定试飞 → 评审 → 设计定型鉴定 →	小批生产 → 部队试用 → 批量交付 → 生产定型鉴定 →	技术要求 → 改型设计 → 试验试飞 → 评审
主要工作	·飞机的使命和详细要求 ·未来作战对象的发展分析 ·战术技术要求论证 ·新技术的风险分析 ·研制费用及全寿命费用的承受能力 ·研制经费预算	·通过计算分析进行多方案论证，选定动力系统性能 ·技术风险和研制经费最佳方案 ·必要的风洞试验 ·初拟研制计划网络图和研制所需条件 ·经费概算及投入计划	·方案设计，通过计算分析及风洞试验选定一个气动布局方案，同时进行内部布置。 ·打样设计，完成气动力分析及风洞试验，全机布置协调和结构系统打样设计。 ·可靠性、维修性设计 ·样机设计制造 ·确定新工艺项目，进行试验 ·成品协调会，签订成品研制技术协议 ·制订研制计划网络图，组织落实研制条件 ·成品原理性试验、试验件设计，提供尺寸、重量和木质样机 ·编制飞机研制总要求	·发出全套生产图样和技术条件 ·拟定试制工艺总方案，组织生产线，进行生产准备 ·可靠性、维修性评估 ·试验文件 ·试飞文件	·原型机生产 ·结构强度及系统试验 ·提供装机成品 ·鉴定试飞准备	·拟定小批生产工艺方案 ·鉴定试飞 ·新成品设计定型，新材料鉴定 ·设计定型文件 ·飞机设计定型鉴定 ·编制售后服务资料	·用户试用 ·设计和制造技术改进，批量交付 ·进行疲劳寿命试验 ·按批生产要求补充工艺装备，调整生产线 ·研制费用决算，确定生产成本和飞机价格 ·新成品生产定型 ·飞机生产定型	·外场信息反馈 ·使用维修性改进 ·根据用户要求及市场前景分析进行改型
目标	发布战术技术要求，进行概念设计	发布设计要求	·打样设计 ·样机审查，冻结技术状态 ·成品技术协议和经济合同 ·技术状态管理	·全套生产图样和技术条件 ·生产准备 ·试验准备	·原型机生产 ·各种试验报告 ·批准首飞	·通过鉴定试飞 ·飞机设计定型	·试用改进 ·成批生产	·完善设计，开拓市场 ·延长飞机使用寿命

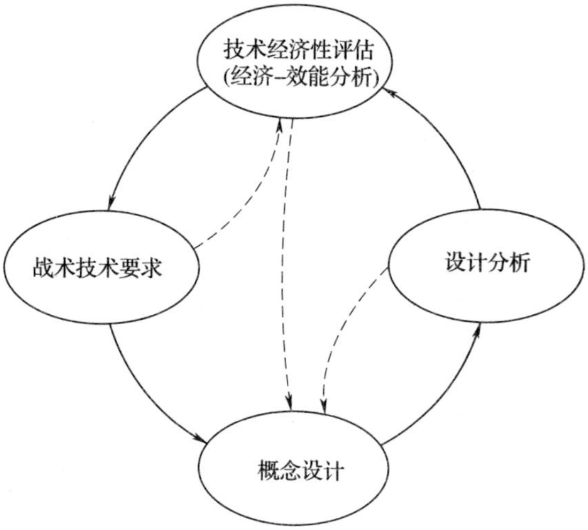

图 1　飞机设计环路

（1）木质样机，主要是鉴定外形和内部的大致安排；

（2）半金属样机，鉴定外形、内部空间布置协调、各部件的组合，以及运动部件检查；

（3）航空材料制成的样机，展示真实飞机构造和各系统成品安装。

样机鉴定的结论，是冻结技术状态、进行详细设计的依据，非常重要，因此现代飞机的鉴定样机都是航空材料制造的。对样机的具体要求有规范，但要根据实际情况有所侧重，如侧重创新部分。

4. 鉴定试飞

需要一个经过批准的鉴定试飞大纲，大纲包括：飞行性能指标、飞行品质、机动能力、航电综合、座舱环境及所有新研系统和成品的考核。如果发动机是新研的，应该先进行发动机鉴定试飞，这种鉴定试飞不应该在新飞机上进行，因为这样会增加新机试飞的风险。只有发动机通过鉴定试飞，并经过试用考虑，才能装在新飞机上首飞和鉴定试飞；鉴定试飞发现有不满足战技要求的问题，要改进，如果确实不能改进，需经军方批准，修改试飞大纲及相应文件；鉴定试飞结果，宣告新飞机是否满足要求，是决定投入生产的依据。没有鉴定试飞就投产要冒很大风险，除非总设计师对新飞机有充分的信心，否则不应该这样办。

二、飞机总设计师

新飞机是当代新科技成果的综合，集中了各工业部门的最新产品，飞机总设计师对飞机设计及研制负技术责任，因此需要有一个设计师的组织系统。

总设计师是飞机研制任务的技术总负责人，即设计技术方面的组织者、指挥者，重大技术问题的决策者。其主要职责是：

（1）根据批准的战术技术要求进行效能—经费(效费比)的全面分析，选择技术途径，提出总体设计方案，并参与拟订飞机研制计划。

（2）按批准的飞机研制总要求，确定各系统的设计要求，组织设计，协调解决研制过程中的重大技术问题。

（3）在设计过程中，进行可靠性、维修性设计，进行全面质量管理，保证设计质量。

（4）组织编制试验和试飞大纲，提出研制和试验的技术保障要求。

（5）召集设计师会议(包括成品研制单位)，协调并决定主承制单位和各分系统承制单位的重大技术问题。

（6）组织总设计师系统，设副总设计师若干人，协助总设计师工作，考核下属设计师。

主任设计师是系统或分系统的设计技术负责人，主管设计师是一个专业或单项设备的技术负责人，负责制订设计方案，保证飞机总体设计方案的实现。

总设计师由主承包商提名任命，根据需要设日常办事机构，可以是现行科技管理部门，也可另设总设计师办公室。

三、怎样做一个总设计师

飞机设计是各类技术问题协调折中的过程，又是技术、经费和周期的协调处理过程。总设计师的主要任务是处理好上述问题，实现总体设计方案，军机设计要满足军方要求。因此对总设计师就要有相应的要求。

（1）组织一个有由总设计师、副总设计师及若干专家组成的总设计师班子至关重要。这个班子的成员要有专业特长，有较全面的基础理论知识，同时要有飞机设计经验，是从实际工作中成长的。这个班子有事业心，能够团结协作，敢于负责，有风险决策能力。

（2）总设计师的组织领导才能，对飞机设计和研制影响很大。飞机研制是一项系统工程，涉及很多协作部门，既要及时向军方和上级部门报告工作，又要及时处理各系统各部门的技术协调问题。总设计师要有组织和指挥才能，其中最重要的是发挥各分管专业的副总设计师和专家的作用，要能扬长避短，人尽其才，技术问题要能及时决断，敢负责任。对下属要严格要求，果断指挥，又要坦诚相处，重视友谊。

（3）总设计师要善于学习。飞机包括几十个专业，涉及很多学科。总设计师本人可能熟悉某个或某些专业，不可能所有专业全都熟悉，但必须具有全面的知识，了解各项设计的基本原理，依靠分管各系统各专业的副总设计师和专家，发挥团队作用，才可能协调决断各项重大技术问题。总设计师还必须有生产、工艺和管理知识，飞机在什么地方研制，研制的软硬件条件与设计过程关系密切，哪些系统、哪些部件安排由哪个单位承包，是要按生产、工艺和管理条件定的，当然也就与成本有关。因此，总设计师必须善于学习。在实际工作中学习是很重要的，设计工作是要大量设计人员进行长时间艰苦工作的，其中有不少单个系统或设备的专家，向他们了解情况，能获得直接经验。

四、飞机研制过程的工作重点

前面介绍了的总设计师的主要职责，这里对设计技术工作重点作如下说明：

（1）设计方案是技术、研制经费、研究周期和生产成本的综合体现，其中重点是技术关键，战技指标决定于技术综合，技术关键的重点是气动布局。满足性能要求会有几种气动布局方案，总设计师经验和思维对选定方案影响很大。

（2）发动机选型极为重要，选型不当会造成返工，甚至造成失败，而这项工作与市场前景预测，飞机发展规划，国际环境与技术经济评估有关。

（3）新飞机的新技术和新成品不能太多，超过一定比例，会增加研制和鉴定试飞周期的不确定因素。

（4）控制重量、重心和空气动力中心(焦点)是设计过程和研制工作中的重点，如果要搞电传操纵，必须在方案论证中明确要求。

（5）航电综合及其他各系统的原理试验要尽早进行，可先期进行仿真模拟，试验工作要充分。

（6）计算技术的高速发展有可能同时进行多方案论证，结构系统设计，生产准备，可靠性、维修性设计及综合保障都有条件按并行工程进行，并行工程对保证质量和缩短周期是有利的。

（7）进行技术状态管理，发出状态管理文件。飞机研制的各个阶段的文件资料按文件制度规定予以编号归档，保持可追溯性。编制审查设计定型鉴定资料，是一项重要工作。

（8）根据需要定期或不定期召开各分系统主任设计师会议，协调有关设计试验问题。

组织一个总设计师系统班子，设立一个精干高效的办事机构，是总设计师开展工作的必要条件。

红土地　雄鹰翱翔[①]

——记53级校友，中航工业洪都总设计师石屏院士

撰稿：孙吟吟　审稿：张新明　编辑：黄　岚

石屏，男，1934年3月生，江西鄱阳人，飞机设计专家，中国工程院院士。1956年毕业于南京航空学院飞机制造专业。历任洪都飞机设计研究所设计员、设计组长、副所长，K–8和教8飞机总设计师。现任中航工业洪都总设计师。参与设计的初教6飞机荣获1979年国家质量金奖，强5飞机获1985年国家科技进步奖特等奖；主持设计的K–8飞机填补了我国基础教练机领域的空白，开创了我国飞机出口的纪录，荣获2001年国家科技进步最高奖和一等奖；教8飞机荣获2006年国家科技进步奖二等奖；荣立部级一等功4次。此外，还获得了“全国杰出专业技术人才”“全国劳动模范”“全国优秀科技工作者”“航空工业有突出贡献专家”“航空金奖”“江西省科学技术特别贡献奖”“第四届航空航天‘月桂奖’终身奉献奖”“新中国60年来江西省60位最具影响力的劳动模范”等荣誉称号。2003年当选中国工程院院士。

他创造了中国教练机的传奇，由他主持设计的K–8系列教练机，带着“金字塔之鹰”的美誉，抢占了全球同类教练机市场75%

① 本文摘自2012年出版的《足迹与风采——南航校友访谈录》。

的份额，为国家赢得了迄今为止一次性数量最大、金额最大的对外飞机销售合同，开创了我国出口飞机整机生产线和对外输出飞机设计技术的先河。在多次航展中，见过K–8的外国人赞扬：“中国自主研制了全新的飞机！”见到K–8的华侨们自豪地高呼：“我们中国的飞机在空中能够与西方飞机媲美！”由他主持设计的教8飞机，业已大量装备中国空军、海军，实现了我国飞行员训练体制的转型升级。在2009年首都国庆阅兵式上，15位英姿飒爽的女歼击机飞行员驾驶着教8飞机，编队飞越天安门广场上空，接受祖国人民的检阅，引起世界瞩目。提到这些，就不得不提到一个人的名字——石屏。他是南航1956届毕业生，也是我国教练机领域唯一的一位院士。作为我国航空技术领域的知名人士和资深专家，石屏院士的工作很繁忙。可是，对于我们的采访，他却非常重视，不仅嘱咐秘书为我们的采访妥善安排、提供便利，还亲笔写下数页纸的提纲，详述自己在南航求学的经历及人生感悟。4月的江西，春风拂面、暖意融融，坐在宽大、整洁的院士办公室里，听着石总细细讲述他那跌宕起伏、颇富传奇的人生经历，我们深切地感受到，他以及他所代表的一代又一代航空人，是在用毕生的激情去实现航空报国的理想。

自从大学毕业被分配到洪都后，石屏就把他全部的精力都投入到了飞机设计事业中，一干就是50多年。从一名普通的技术员到飞机总设计师，他把根深深扎在江西这片红土地上，融入到中航工业洪都的发展之中。言谈之中，航空报国、功成不居的情怀悄然显露。正如笛卡儿所说：“当一滴水融入了大海，那么它就不再是一滴水，而是变成了大海。”

使命，让他与航空结缘

1934年，石屏出生于江西鄱阳湖畔的一个乡村。幼年时家境贫寒，年少时赶上战火，求学之路异常艰辛。但他聪颖好学，思维敏捷，求知若渴，学业优异。就在因贫困几近辍学之时，新中国成立了，助学金如及时甘霖，帮助他顺利完成中学和大学的学业。石屏常说："是国家一手培养了我。"

1952年，国内刚刚实施第一个五年计划，百废待兴；国际上，抗美援朝战火正在燃烧，阴云笼罩。年仅18岁的石屏，作为学校的团支部书记，被选送到中南团校学习。正是在这次培训班上，他了解到国家面临的紧急形势。当得知由于我国空军处于弱势，我军在朝鲜战场上付出了惨重代价时，他的心情异常沉重。回想到小时候日寇飞机轰炸县城、屠戮人民的情景，石屏毅然决定放弃自己喜爱的文学，转而报考航空院校，投身国防建设，让自己的祖国不再受人欺侮！1953年高考指南上的航空院校只有北京航空学院和华东航空学院。在抗美援朝的战火硝烟中，国家于1952年创建了南航，以培养祖国急需的航空人才，并从中国人民解放军华东军区选拔了一批具有高中文化程度的现役军人，作为第一届学生到南航学习，没有公开招生。石屏和一批江西同学有幸跨进了南航的大门，成为了南航第二届，也是首批从应届高考生中紧急招录的学生。

谈起在南航的生活，石屏记忆的闸门一下子就打开了。他时而闭上眼睛，动情地描绘着当时的情景；时而凝视前方，仿佛在寻找最合适的词汇。谈到一些有趣的片段时，他会开怀大笑。入学时，学校基本上还是个大工地，但石屏还是用"神秘、自豪"两个词语来形容对母校的初次印象。"当时学校大门还没有建好，只搭了一个棚子，门口有两个很威武的解放军站岗。之所以感到自豪，是因为终于能够搞航空了。"同学之间的情谊，让石屏怀念至今。学校食堂的炊事员也是部队转业的，对新来的同学很热情，对病号也很照顾。谈起这些，石总脸上洋溢着幸福的笑容，目光中流露出浓浓的眷恋。

新生们大都和石屏一样，尽管怀有强烈的报国心，但对航空却没有深入的认识。为便于学生选择专业，学校在一个尚未启用的新食堂内，通过实物展示的方式，帮助新生选择专业。例如，活塞式发动机制造专业就摆放着一台活塞式发动机，航空仪表制造专业则摆上了部分航空仪表设备，飞机制造专业则更简单，由于学校还没有一架完整的飞机，只摆放了一些飞机部件。从那一刻起，无视艰苦、白手起家的勇气便在每位学子心中扎下了根。在航空报国的理想驱动下，填报发动机制造和飞机制造专业的学生特别多，因此开班也多。在这些学生当中，后来走出了包括石屏在内的诸多对中国航空工业产生重要影响的人物。那时候，"为建设新中国而努力学习"成为青年学子的共同目标。在南航，学习氛围特别浓厚。学校效仿苏联采用"五时一贯制"，上午上完3节课，班级的生活干部就会领一筐馒头，每个学生发一个，然后继续上第四、第五节课，课时量很大，功课十分紧张。大家的日程安排也颇有规律：上课、体育运动以及晚自习时间都相对固定，休闲时间很少。假日里，石屏最喜欢和同学到大华电影院去看电影，坐上当时主要的交通工具——马车，前往大行宫，然后再步行去大华电影院。《保卫察里津》《高尔基的童年》《保卫斯大林格勒》《格林柯尔大会战》《杨根思》等电影所传达的革命热情及忘我精神，深深地影响了青年石屏；《走向新的生活》等苏联歌曲，在石屏和他的同学中间广为传唱。

在众多的老师当中，石屏特别提到了一位从美国回来的学者李定夏老师。"李老师是我们的系主任，他教授钣金装配技术，非常谦虚，很慈祥。"李老师是知识渊博的教授，对待学生真挚坦诚。每逢传统佳节学校组织舞会，他会把从国外带回来的领带发给班里男同学。一条小小的领带，不经意间成为了青春记忆里的一抹亮色。李教授还以亲身经历告诉学生，美国等所谓的发达国家在航空技术方面对我国是封锁的，所以一定要珍惜学习机会，自信自强、自力更生。李定夏教授的这番教诲，至今还一直萦绕在石屏心头。

石屏对当时南航的人才培养是很认可的。他说："我走出校园之后，就一直工作在一线，正是在南航的学习给我后来的工作打下了良好的基础。"石屏坦言，重视实践是南航的一大特点。在校期间的实习使他日后的工作受益匪浅。南航的实践教学有两个特点：一是实习与课程紧密结合；二是与工厂需要结合。刚入学时，学校就安排学生到南京航空附件厂（中航工业金城前身）进行钳工实习，结业时制作一个零件。初学的时候，同学们的手指都被磨得皮破血流。可是，没有人叫苦叫累，更没有人中途退缩。二年级时他们到工厂进行钣金和装配实习，毕业设计也是在工厂完成。通过实习锻炼，同学们磨炼了意志，加深了对课程的理解，动手能力也得到了提升。技术工人对学生进行手把手的指导，包括零件怎么铆接、工具怎么使用等。工人们认真严谨的工作态度以及对学生毫无保留的技术传授，让石屏由衷敬佩。在后来的工作中，他十分尊重工人师傅，注意倾听他们的意见。随后，学校进行了教学改革，改变了教学内容和方法，建设了大量的实验设施。经过 60 年的创业，母校已经成为中外知名的南京航空航天大学，石屏为母校感到骄傲。

奋斗，为了一个执着的梦想

蓝蓝的天空充满诗情画意，但蓝天的事业却充满艰辛。1956 年，石屏大学毕业后被分配到了 320 厂。第一个月领工资的时候，他甚至感到有些不好意思，觉得自己什么都还没有做。工作后不久，石屏就感到自己知识不够用，于是制订学习计划，从基础到专业，从俄语到英语，利用空余时间自学提高。飞机设计，在外行看来似乎是件浪漫而有趣的事情，但事实上，设计过程却需要设计师具有严肃认真、一丝不苟的精神，对数字的计算校对要求近乎苛刻。1958 年，石屏在强度组负责强 5 前机身部分的强度计算，那时候全所只有一台手摇电动计算机，还要排队，成千上万个数据的计算与校核都只能通过计算尺和算盘来完成。如果飞机结构改变了，前面的工作就意味着要全部重做。一天下来，厚厚的计算稿纸中真正有用的，往往只是几页。

飞机的研制是系统工程，发动机、机载设备和成件、制造工艺是飞机设计和研制的基本条件。由于当时中国航空工业“辅机”跟不上“主机”，发动机发展相对滞后，新飞机自主研制进展受限，不少好的飞机设计方案都没有实现。20 世纪 60 年代初，国家遭受了严重的自然灾害，每人每月只能领二十几斤粮食，没有副食品，科研人员连饭都吃不饱。因为长期的营养不良，很多人都患上了浮肿，对科研工作影响很大。国家经济刚好转，科研生产正在发展，突如其来的“文化大革命”搅乱了原本正常的工作秩序。1969 年，石屏和许多技术人员被下放到县农机厂，1972 年，石屏调往湖南参加 013 航空三线建设，离开了他魂牵梦绕的飞机设计工作整整 8 年。

20 世纪 80 年代初期，320 厂陷入了企业发展的低谷。由于深受“文化大革命”影响，企业长期没有新的型号设计研制任务，无论是设计所还是制造厂都出现了很困难的局面：军品订货量压缩，生产线开工不足，资金短缺，新技术研发难以继续，大批科研人员转向民品生产线。这种局面让石屏内心充满了矛盾和不安，但并没有让这位执着的飞机设计专家退缩。他坚定地说：“一个飞机要搞好多年啊。但不管多么困难，我们都没有灰心过。看到国家有了自己的飞机，我的内心真是特别高兴。航空是我一生的追求，为了祖国的航空事业，我长期与几个设计人员坚持教练机的论证工作，孤单寂寞，无怨无悔。”为了补救失去的时间，他拼命工作，常常加班到很晚，有时回家已是深夜；他抓紧点滴时间学习，钻研技术，书桌上摆满了最新的科研资料，书柜中放满了厚厚的书籍，他坚信“活到老，学到老，只有不断地学习才能捕捉前沿”；他提携后辈，推动总设计师系统的年轻化，有意识地把年轻人推向科研生产的第一线。

50 多年间，石屏始终奋斗在飞机设计的一线，经历了中航工业洪都飞机发展的风风雨雨。他参加了雅克 –18 的制造、安 –2 和米格 –19 的仿制工作；参与设计了初教 6、强 5 及强 5 外贸机等多种型号的飞机；他主持设计的 K–8、教 8 飞机更是创造了中国航空发展史上的多个第一，直接促成了我军飞行员训练体制的转型升级。

K–8、教 8，中国航空工业的骄傲

院士办公室光洁的墙面上，蜚声海内外的 K–8 教练机照片显得格外醒目。来访者驻足赞叹，石总只是淡淡一笑：性能好的飞机，外形都是会有美感的。K–8 飞机就是这样一款性能优越的飞机。1992 年，在对 K–8 飞机进行设计定型的时候，设计定型委员会认为，K–8 飞机“综合性能优于同类教练机，填补了我国基础教练机的空白”。靓酷的外形、矫健的姿态令 K–8 飞机在 1992 年新加坡国际航展上一举成名，赢得了“亚洲明星”的美誉，引起了世界航空界的广泛关注。滑跑、加速、腾空、拉起、侧滚、盘旋、筋斗、尾冲……20 多个国家的飞行员在驾驶过 K–8 飞机后都被它的性能所折服。俄罗斯特级飞行员在驾驶 K–8 飞机做完尾旋和一系列特技飞行动作后说道：“这是我所驾驶过的世界上最好的教练机之一。”在第 43 届巴黎国际航展上，K–8 飞机的高难度动作，特别是尾冲动作是许多国外飞机无法完成的，因此被列为航展的“十大明星”。

回忆起 K–8 飞机的研制过程，一波三折的艰难仍令石屏记忆犹新。1982—1986 年，石屏担任教练机方案论证组组长，在这 4 年当中，尽管做了很多努力，新一代教练机却始终停留在方案论证阶段，没能得到军方的认可，无法获得国家立项。究其原因，既与发动机有关，又掺杂着复杂的时代因素。最艰难的时候，新一代教练机研发线上只剩下了 3 个人。但是石屏并没有放弃，围绕发动机选型，他做了大量的研究工作。机遇总是青睐有准备的人。在国家改革开放的新形势下，中国航空技术进出口公司与南昌飞机制造公司（中航工业洪都曾用名）致力于开发教练机。1986 年 8 月，南昌飞机制造公司与巴基斯坦签订了合作研制新一代教练机的总协议，1987 年，双方又签订了战术技术协议。以石屏为代表的洪都人牢牢抓住机遇，走出了一条国际合作之路，开创了中外合作研制飞机的先

河！1986年10月，52岁的石屏被任命为K–8飞机的总设计师。国际合作的道路充满荆棘。K–8飞机是按照世界先进水平设计的教练机，技术要求高，要求三年内出样机，还必须参加世界竞争，这在我国飞机研制史上还是首次。研制一旦失败，巴方就会撤资，石屏和总设计师系统的成员感到压力很大。他们都是从强5和初教6设计中走出来的，强5是超声速强击机，初教6是螺旋桨飞机，而K–8是高亚声速飞机，没有经验可以遵循。

创新，也唯有创新才能实现超越！K–8飞机必须全面覆盖和模拟战斗机的各项飞行特性，而且，要想在国际市场上占有一席之地，必须有自身的特点，没有创新是无法实现的。在石屏的组织下，他们完成了高效的总体气动布局和复合材料的工程应用等6项技术创新，解决了10项技术关键，形成了K–8飞机高低速兼顾、良好的机动和失速性能、结构目标寿命8000小时、可靠性与维修性设计、先进的救生系统等十大特点。为了在可靠性和维修性上取得优势，在石屏的积极推动下，K–8飞机成为中国第一架在方案阶段进行可靠性、维修性设计的飞机。为使维护方便，K–8飞机开有142个口盖，其中快卸口盖占58%。飞机采用“腹部顶装发动机”的设计，使更换发动机的时间缩短到50多分钟，飞机从落地到再起飞，准备时间只用8分钟，这些在国内都是首创。然而飞机要能上天，除了方案之外，需要进行大量的试验，首先是风洞试验。为了节省时间，在机翼方案的选择上，他们同时在2个地方进行3种方案的低速、高速风洞选型试验。石屏介绍说，这种试验方案是非常规的，也是形势所迫。在进行风洞试验时，没有先进的通信设备，也没有专用的计算工具，参研人员就靠一部长途电话在不同的地方传递和处理数据，两边的同志24小时盯着试验过程，一个一个地通报、记录试验数据，进行手工计算，分析修改、处理数以万计的数据。到后来，有的人连做梦都在报数据。历时1年，他们终于完成了风洞选型试验。结构强度试验也是一项重大试验，K–8飞机做第一次全机静强度试验时，当载荷加到设计值的95%时，突然轰隆一声巨响，机翼折断了，试验被迫终止。这时，石屏鼓励大家："中间试验失败不可怕，找到原因改进就是了，要正确对待，不要有包袱，我是总设计师，出现什么问题责任首先由我来负。"后来发现机翼提前破坏是由于机翼的一个加强肋失稳造成的。改进之后，新的试验一举成功。K–8飞机在反复试验中不断改进，也在一次次的试验中日趋完善。以石屏为首的总设计师队伍也日渐成熟，成为一支能打硬仗的队伍。

K–8飞机引进了包括发动机在内的16项国外成品，在国外完成了5项试验，因此谈判也成为石屏的一项重要工作。石屏常说："谈判事关国家利益，不能含糊，不能客气，一定要知己知彼，方能百战百胜。"每一次谈判前，他都要做大量的准备工作，甚至连对方会提出怎样的问题都要预先想到。这样，每次谈判自然胸有成竹。有一次，石屏与美国一家公司谈判，美方原本答应在卖给我方的发动机上免费增加一种提高性能的措施，后来在讨论协议时，对方却又不认可，石屏就直截了当地提出："诚信是双方长期合作的前提，你们必须首先履行承诺，否则不好往下谈！"面对这个认真的中国人的倔强眼神，对方似乎读懂了什么，最终兑现了承诺。有一位与石屏多次交锋过的外国朋友说："石先生是很难对付的。他想得到的东西就一定要得到，拐弯抹角也要得到。"如今的K–8系列飞机不仅大量装备中巴两国空军，还成功出口到埃及、赞比亚、纳米比亚、斯里兰卡等十几个国家，成为中国主要的外销机种之一，深受国外用户好评。

1992年，为了满足我国空军对新机的需求，石屏又担任了教8飞机的总设计师。苦战3年，教8飞机的研制终于取得了成功。它继承了K–8飞机的特点，按照我国空军的战术技术要求设计定型。教8飞机的发动机及全部成品选用国产件，综合性能全面达到并超过了战术技术指标，创造了航空史上当年发图、当年制造、当年上天的奇迹。它最终取代歼教5，大量装备我国空军，推动了飞行员训练体制的改革。

寄望，以振兴中华为己任

石屏说："看着一个个年轻人成长为祖国航空事业的接班人，那是我最感欣慰和自豪的事。"多年来，石屏一直关注着母校的发展。因工作关系，他经常会到南京，也时常会回校看看，还欣然担任了南航的兼职教授。当选院士的时候，南航师生欢欣鼓舞，说到此处，石屏有些动情。他说，看到母校蒸蒸日上，他感到非常自豪和欣慰。

K–8、教 8 给了中国航空工业太多的惊喜和启示，是中国航空事业自主创新的一个典范。当笔者问起，总设计师需要什么样的素质时，石屏深思了片刻，讲了 20 个字：学习积累、依靠团队、务实创新、能耐寂寞、不求虚荣。结合现在社会各界对培养创新人才的探讨，他认为，大学最首要的是教育学生认真踏实地学习，毕业后用自己所学的知识为国家作贡献。从事技术创新研究就要能耐得住寂寞，只有热爱本职工作才会有激情，才会甘于奉献。现在的科技人员有的浮躁、急于求成，有的想做官，不从源头上解决这个问题，就很难谈务实创新了。要想创新就必须潜心研究，勤奋努力，要学会在前人的基础上提高。创新是一种创造，有时需要辛苦奋斗一辈子。有的国家之所以能够培养大量的创新人才，正是因为他们重视了这方面的教育。

当听说学校确立了"航空为本、学术为本、育人为本"的办学理念，并将"特色发展、人才强校"作为学校发展的重大战略时，石屏连说了 3 个"好"字。当问及对母校的发展有何建议时，他讲了 3 点体会。一是要培养学生振兴中华、强国富民的责任感，树立使祖国屹立于世界民族之林的爱国情怀。但是要注意教育方法，可以通过讲座、实践等方式潜移默化地感染学生，这样才能产生好的效果。如果在学校都不能培养这种精神，工作以后再培养就很难了。我国人口多，地区发展不平衡，很多地方还很穷，年轻的学子一定要立振兴中华之志。二是要重视基础理论学习，注重精深。打好基础一通百通，而没有基础就没有功底。一项工程往往是多学科的，所以必须对科技前沿的课程多了解一些，善于进行启发式教学。三是要形成探讨研究的学风。工科要注重实习，理科要注重实验。西南联合大学探讨研究成风，有的国家对中学生就培养自学探讨精神，这是成功的经验。有了探讨就不会因循守旧，不论是科学家还是院士都不是全能的，旧有的理论都可能会被推翻，有疑问或遇到不懂的问题时要敢于大胆探讨。

采访结束时，石总殷切寄语航空学子：树振兴中华之志，兴探索求学之风，为祖国的航空事业多作贡献。他欣然提笔，以遒劲的笔墨祝福母校："桃李芬芳，奇葩绽放。"

伟大出自平凡[①]

——听石屏院士讲中国教练机发展

飞机总设计师应该是这样的人：
他专业知识全面又独具真知灼见，
能集众思而统筹实践解决各种问题，
身先士卒地战斗在第一线，
率领团队奔向理想目标。

今年是中国人民解放军建军80周年。80年前，中国共产党在南昌打响了武装起义的第一枪，建立了自己的军队，打下了江山。80年来，人民军队不断发展壮大，在人民军队的建设中，广大军工战线的工程技术人员和工人做出了巨大的贡献，他们努力追赶世界先进水平，用良好的武器装备部队。如果说解放军是保卫祖国的钢铁长城，那么军工就是为这座长城提供利剑的装备部。

建军节前夕，我来到八一起义发生地南昌，采访洪都航空工业集团公司K-8飞机总设计师、中国工程院院士石屏，也就赋予了不同的意义。

漫漫攀登路

赵淑芬[②]：一般一种新飞机要经过10～20年的研制、生产、使用才能成熟，周期很长。听说您参加了K-8教练机的研制全过程，想听听您的介绍。

石屏：是的，我很幸运。我1956年从南京航空学院毕业分配

① 本文发表于2007年04期《航空工业经济研究》。

② 原《航空工业经济研究》杂志主编。

到南昌320厂工艺科，1958年调到飞机设计研究所，就和飞机打上了交道，先后参加了安-2运输机、“东风”103的仿制，初教6和强5系列设计改型，后来就和教练机结缘，一直到现在。

我这辈子，只在一个企业，干了一件事情，就是研制我们中国自己的飞机，主要是教练机。20世纪70年代各国教练机开始更新，我们对世界各国10余款新教练机，如L-39、S.211、C.101、IA-63等进行研究，探索研制我们中国自己的教练机。洪都的领导有远见，在没有国家立项的条件下，支持新教练机预研。1982年洪都和中航技精诚团结，各投入100万元人民币，于是我们开始了方案论证。

赵淑芬：在国家没有立项的背景下，当时最主要的困难是什么呢？

石屏：当时有两大困难。一是缺乏资金。飞机的研制需要大量人才和物力，是多学科、大兵团、长时间的协同工作。没有一定的资金支持，设计、试验都无法进行，人才会流失。所以当时洪都和中航技投入的200万元十分重要，使教练机的研制工作得以启动而继续进行。二是没有发动机。发动机是飞机的心脏，既决定飞机性能，又关系飞机竞争力。我们研制飞机，不能像外国那样选发动机，因为我们国内没有，只能去选配国外的，既要与我们的飞机匹配，又要人家能够卖给我们。技术、经济、政治捆在一起的这种困难情况至今也没有彻底改变。为此，我们先后和加拿大普·惠公司，美国GE公司、加雷特公司进行了长达4年的艰难谈判。他们这3家公司都看好K-8飞机，认为能成功，肯定有市场，都愿意提供发动机。竞争的结果，我们选中了美国加雷特公司的涡扇发动机，这种发动机除性能、售价有吸引力外，合作条件也很优惠，研制阶段他们免费借用3台发动机让我们无偿试用，还包括发动机仪表及与发动机有关的液压泵和起动发电机等。

这样一来，有了启动资金，发动机选型也定了，我们冲过了难关，赢得了时间。

赵淑芬：您那时担任什么职务？

石屏：1982 年我是新型教练机方案组组长。当时我发表文章，提出“提高训练效率，降低训练费用”的教练机研制理念，得到了广泛的认同。

赵淑芬：这样国家给你们立项了吗？

石屏：还没有，所以我们还是非常艰难，但是苍天不负有心人，我们终于等来了机会。

1986 年，由于巴基斯坦使用的美国教练机寿命到期，要更换新机，有合作研制教练机的意向，于是我们应邀组团前往，到达的第二天，巴国防部就开听证会，我受团长委托，连夜起草报告文本，报告列举了国际教练机发展情况，我们研制教练机的基本性能和特点以及研制周期和计划节点。

巴基斯坦虽然不能制造飞机，但由于他们长期使用美国和法国飞机，有飞机和发动机的修理厂，所以他们对教练机和作战飞机的性能相当了解，对机载设备及使用维护有经验。听证会开了一天，到会的将军们认定我们的研制方案新颖、有特点、有创新、有信心，所以当场拍板合作研制，立即进入合同讨论。讨论中我们建议文本只写几个大指标，如总重、最大速度、研制进度及经费投入。评价技术指标待双方准备后定期商谈。这样很容易达成一致，一个星期就签了合同，巴方投入 600 万美元研制费用，研制周期 3 年。1987 年 5 月，巴方代表团到南昌访问，双方签订了飞机的战术技术要求，明确 1986 年 6 月 1 日为工程零时，3 年飞机首飞，在国际市场上要有竞争能力。

中巴合作合同，使我们的研制工作峰回路转、柳暗花明，有了国外的研制资本，有了用户，国内很快就给我们立了项。教练机研制工作从此进入航空工业部项目管理，走上了快速发展轨道。

由于是中巴两国合作，两国交界于喀喇昆仑山脉，所以这型教练机就命名为“喀喇昆仑之鹰”，简称 K–8。

赵淑芬：K–8 这么被看好，一定有它的独到之处吧？

石屏：捷克斯洛伐克和意大利的教练机很精致，有很长的教练机研制历史，美国的 T–37 遍及世界许多国家，是巴基斯坦现役的教练机，要和他们竞争，必须扬长避短，分析他们的弱点，在方案上有所创新。使 K–8 在结构和系统方面都有突出的优点，那就是高低速条件下的机动性好，可靠性高。例如，为了使发动机维修性好，在后机身下部设计装卸发动机的快卸舱盖，换发只要 56 分钟。维修口盖多，分布合理，维修人员可以站立维修，保障了高出勤率，一天可以有 10 个起落。飞机平均故障率间隔为 14 飞行小时，远远高于设计的 2.5 飞行小时，飞机结构寿命可达 8000 飞行小时。它配装零—零弹射座椅，紧急时刻，可直接穿舱弹射，救生系统安全可靠。为保证长翼展襟翼效率，设计 3 条滑轨，既保证了效率也减轻了重量。提高了后座高度，方便了教练对学员的指导。配备的航空电子设备，优于当时的同类飞机。

1992 年国家鉴定委员会评价称：“综合性能优于同类飞机，填补了我国基础教练机的空白。”

飞机的设计来不得半点马虎和虚假。创新才有竞争力，K–8 飞机要全面覆盖和模拟战斗机各项飞行特性，有很多技术难点。我们列出了 10 项技术关键、80 多项试验，编制网络计划，每周检查实施情况。

飞机设计是矛盾的折中和协调，有些是保证飞机竞争优势的，不能退让。1991 年，在一次强度试验中，一个部件加力到 90%时机翼破坏，大家议论是不是质量问题，我分析后，果断宣布：“这是科学试验中的正常现象。”后来做了局部加强，试验就成功了。在新机的研制中，面对风险和挫折，要冷静、敢于承担责任，决策要有胆识。

1990 年 11 月 21 日，K–8 首飞成功。这是能够承担飞行员基础训练和部分高级训练任务的喷气式双座教练机。

赵淑芬：这时您担任什么职务？

石屏：1986年10月，我被任命为K–8飞机总设计师。

煌煌战鹰行

赵淑芬：飞机顺利上了天，就能够进入两个市场吗？

石屏：这条路很长！从设计之初就开始了，为了实现面向两个市场的目标和承诺，在设计中除认真贯彻国标、军标外，我们还选用了美国军标。方案论证阶段我们就决定进行全机系统可靠性、维修性设计，编制可靠性、维修性大纲，进行了可靠性指标分配、失效模式分析、区域安全性检查、技术状态管理等。当时这些工作在国内还是首创。我们编写了《飞行手册》《技术说明书》《维护手册》《定检资料》和《培训教材》等，做到随机设备、工具、备件与飞机同时交付，使K–8从设计、生产、管理到售后服务都与国际接轨，使K–8成为一个完整、规范的国际商品，走出了国际化、商业化之路。

赵淑芬：这些工作都在飞机总设计师的职责范围内吗？

石屏：我认为是。我们的飞机要进入两个市场，收回成本，生存、发展，光自己说好是不行的，要用它的性能、价格和服务在同类产品中占据优势，鹤立鸡群，用户认可，这些在设计之初就要想到和做到。

1992年2月12日，K–8从南昌起航，飞抵新加坡参加国际航展，这是中国飞机第一次在国际航展上和国外飞机一样进行飞行表演。此后，K–8飞机10次参加国际航展，次次作飞行表演，先后有10多个国家的飞行员亲自飞过K–8，在10多个国家进行了飞行表演。在1999年的巴黎航展上，K–8在每天5分钟规定时间内进行的高难度特技表演，包括其他同类飞机无法完成的尾冲动作，凸显了K–8优异的机动性，被评为这届航展的“十大明星”之一。这是中国飞机首次在欧洲上空作飞行表演，取得与50多种外国飞机同场竞技的辉煌结果。

K–8 这些勇敢而真实的表现，展现了它的价值魅力，飞出了它稳定可靠的竞争实力，赢得了信任和市场。

K–8 教练机在国外市场的美誉传回国内并影响了国内，K–8 被我们的军方看中，1992 年被再次立项，新机继承了 K–8 飞机的特点，全部成品按照要求选用了国产件，性能达到并超过战技指标，现在已被部队采购、列装 200 多架，成为国内教练机的主力机型之一。

1995 年 12 月，埃及训练用的捷克 L–29 教练机到寿，在用的新 L–59 因为技术问题全部停飞，于是，中航技果断地运去两架 K–8 并为埃及高层领导做了飞行表演，获得好评。后来，我们按照埃及教练机全球采购的招标要求，与意大利的 S.211A 和捷克的 L–139 竞标，经过五六轮的激烈角逐，在国际招标中胜出，机型为 K–8E。尽管意大利在议标进入白热化时，还召集了大批美女模特前来助阵，他们也没有成功。1999 年 12 月 27 日，中国和埃及签约，并以一次 80 架、后续 40 架的大批量订单进入埃及市场，还第一次实现了中国飞机生产总装线、飞机研发中心、飞机综合保障系统出口国外，被誉为“金字塔之鹰”。

至今 K–8 已经出口 200 多架。还有多个非洲国家很感兴趣，有的已经采购、使用，洪都集团正在与中航技紧密合作，深入进行国际市场的培育和开拓工作，市场预期会超过 1000 架。这是中国航空工业首次采用多方投资、国际合作开发研制具有中国自主知识产权、面向两个市场、产品和技术全面出口、出口量最大的第一款中国飞机。它的成功说明中国不仅自己能够造出飞机，还能够以优异的性价比占领有这种需求的国际市场。

赵淑芬：原来 K–8 走出了一条从世界走回中国，再从中国走向世界的独特的发展之路。

石屏：这在咱们国家是第一次，但在世界经济全球化的大背景下，这样的情况并不鲜见。发展需要技术上的创新，也需要体制和机制上的创新。虽然无奈，但成功了，K–8 先走了这一步。

拳拳报国情

石屏院士是飞机设计专家。由于他主持设计出中国最成功的 K–8 教练机而功勋卓著。K–8 系列飞机为洪都集团正在研制的新初级教练机和 L–15 高级教练机的发展架起了桥梁，为奠定洪都航空工业集团成为教练机发展基地做出了宝贵的贡献。

石屏院士走的是一条普通的中国知识分子之路，大学毕业分配到企业，在基层做技术工作，在技术这条路上始终没有变轨，从组长一直干到总设计师。

石屏 2001 年被推荐申报中国工程院院士，落选；2003 年再申报，获得通过。

中国工程院院士是国家设立的工程技术方面最高的学术称号，为终身荣誉。它既是科学技术成果最高水平的象征，也是知识分子最大成就的标志。院士是中国知识分子用智慧、才华、勤奋、理想和机遇垒起的金字塔的塔尖，多少人仰慕，多少人向往，多少人为之终生奋斗！

石屏走上了这座塔尖。截至 2007 年 6 月，中国共有工程院院士 695 名，平均年龄 71 岁，石屏是中国教练机领域唯一一位有院士头衔的专家。是啊，像飞机这样的大型工程，没有二三十年是不会出成果的。他和 K–8 教练机同成长，共命运，他是时代造就的科技精英。

在人们眼中，和石屏同龄的院士大多出身书香门第或官宦家庭，从小受到良好的教育和家庭的熏陶，然后出国深造，学成后在科研、教育单位长期从事研究、教学工作，在实验室里、讲台上渐有成就，或有重大发明发现，或有理论创新。

石屏院士却不同。他 1934 年出生在江西鄱阳一个贫苦农民的家庭，3 岁丧父。稍大，边放牛边上学，因学业优秀，13 岁进城读初中，但因家境贫寒，学业时辍时复。1949 年解放后，石屏接到学校通知，给予他甲等助学金，10 月报到复学。他满怀对党和国家的感恩之情，刻苦学习，积极参加社会活动，学习成绩优异，16 岁入团，18 岁担任学校团支部书记，还当选县政府常委，被选送到中南团校学习。高中毕业，石屏想起童年时日寇飞机对家乡的狂轰滥炸，想到志愿军因没有制空权蒙受极大损失，决心投身祖国的航空事业，为保家卫国造飞机，遂考进南京航空学院。在那里，他继续享用甲等助学金，受到系统全面的专业教育，20 岁时加入中国共产党。

1956 年，年轻的共产党员、大学毕业生石屏被分配到中国第一架飞机诞生地——南昌飞机制造厂，开始了一生为之奋斗的事业——设计中国自己的飞机，这一干就是 50 多年。50 年来，他没有换过一个单位，把根深深地扎在这片红色的土壤上，从一名普通的技术员，一步一个脚印，终于成为飞机总设计师，成为中国工程院院士。

作为院士，石屏的不同之处在于：他是一个有着 50 多年党龄的老共产党员，是我党一手培养起来的飞机总设计师。他把个人的奋斗与党的事业融合在一起。他说，他出生在农民家庭，从中学就享受国家助学金，没有党的培养，没有人民的哺育，就没有他的一切。所以他一辈子都在为党工作，为人民工作。他始终怀着拳拳的报国之情。

他又是一个有着 50 多年工龄的军工技术人员，是在洪都航空工业集团这个国有企业中成长起来的“土专家”。他把自己的工作融入洪都的发展，与广大的技术人员和工人打成一片，同命运，共奋斗。他说，即使我胸前挂满了奖章，我还是我，一个普通的科技工作者。这些荣誉不属于我个人，属于洪都所有忘我工作、献身中国航空工业的广大科技人员、干部和职工。我是这个英雄团队中的一员，离开了企业、离开了同志们，我将一事无成，他们是真正的功臣和英雄。

石屏 69 岁才当选为院士，他把自己的一生都献给了祖国的航空工业，他的蓝天梦无比执着。

为了事业，他常由于专注工作而出笑话。一次天刚下过大雨，路上积水，他走在上班的路上觉得一只脚很凉，低头一看才发现，原来自己一只脚穿了胶鞋，另一只脚却穿了布鞋，布鞋已经被水湿透了，所以很凉。

为了事业，他刻苦学习提高自己。由于自己在学校里学的是俄语，所以他从头开始学习英语，英语比一般人水平都高。

为了事业，他提携后辈，有意识地把年轻人推向科研生产第一线。飞机研制成功了，先后有 6 人走上了厂级领导岗位，2 人当上了副总师，10 多人当上了所、室的领导、学科带头人，10 名同志加入了中国共产党。

如今石屏院士可谓功成名就。实现了年轻时为国家造飞机的理想和抱负，但他淡泊名利，继续勤奋学习和工作，虽已年过 7 旬，仍在为中国的教练机发展殚精竭虑。

初次见面，石屏院士给我的印象是亲切、和蔼、平易近人。就像一名普普通通的老工程师。

随着采访的深入，我渐渐被他平淡叙述的动人故事吸引、感动、震撼，及至后来，我竟然能感受到他那清癯面孔后燃烧的激情、平和目光中透出的坚毅，甚至能感受到他胸膛中依然年轻、随时准备飞翔进行创造的心。

飞机总设计师就应该是这样的人才。他专业知识全面又独具真知灼见，能集众思而统筹实践，能逢山开路、遇水架桥，解决各种问题，能远离喧嚣、心无旁骛，身先士卒地战斗在第一线，率领团队奔向理想目标。他用自己的智慧、勇气、毅力使中国飞机飞向了世界，飞出了中国飞机自主发展之路。

我忽然发觉，我面前的这个人是如此的平凡，却如此的伟大。

石屏院士将自己的一生归结为一句话："我的一生是忙忙碌碌的一生，是普普通通的一生，是无怨无悔的一生。"

石屏是拥有巨大成就的科学家，无愧于中国工程院院士这一崇高的称号。

南昌不仅是一座英雄的城市，还是一座美丽的城市。三水穿城，四湖驻邑，迤逦多姿。赣江边的滕王阁因王勃的赋而闻名遐迩，然而南昌人更看重的是作为城市标志的八一起义纪念碑。广阔的八一广场，雄伟的八一起义纪念碑矗立中央。我忽然觉得它比我前几次见过的高大。旁边的人告诉我说，近年来广场周围盖了不少高层建筑，使纪念碑显得矮小了许多。为了既保持纪念碑原貌，又突出纪念碑的地位，聪明的南昌人将纪念碑基础抬高了 3 米，整体平移了 1 米，效果非常好。望着这以一柄长枪为旗杆迎风招展的红旗雕塑，朴实无华、大气雄浑的纪念碑，我想，我们中国要屹立于世界强国之林，也必须抬高国家的基础，首先就是国防这块分量最重的基石。而我们中国航空工业，就应该像石屏院士那样，为抬高和夯实共和国的基石做出自己的贡献，这是一项平凡而伟大的事业！

是的，石屏院士的经历是平凡的，也是伟大的，因为他把个人的一切投入到了伟大的航空工业。正如笛卡儿说的："当一滴水融入了大海，那么它就不再是一滴水，而变成了大海。"

老骥伏枥　志在蓝天①

——记 K–8 总设计师石屏

新华社记者　张　毅　李美娟

新华社南昌9月11日电：老骥伏枥　志在蓝天——记爱岗敬业、无私奉献的飞机总设计师石屏。

位于南昌的中航第二集团洪都航空工业集团公司，曾诞生了新中国第一架飞机。50多年来，洪都集团涌现出一批功勋卓著的航空英才，继“强5之父”陆孝彭之后，又一位航空骄子脱颖而出，他就是K–8飞机和新基础教练机总设计师石屏。

作为新中国培养的科技人员和第一代航空人，石屏在46年的飞机设计生涯中，凭着一股强烈的使命感和爱国情操，在科学技术的道路上自强不息，百折不挠，开拓创新，勇攀高峰。

1934年，石屏出生在江西省鄱阳县一个贫苦农民家庭。幼年时，他目睹了家乡在日寇飞机的狂轰滥炸下变得满目疮痍的惨状，从小立下了长大后自己也要造飞机的志向。高考时，石屏放弃了一直喜爱的文学，考进了南京航空学院。1956年7月，石屏毕业后来到了洪都集团公司。为了能早日设计飞机，他一边工作，一边刻苦学习外语、数学、力学等知识，苦练基本功。

从1958年起，石屏开始从事强5飞机设计工作，历时25年，他参加了原型机设计，并组织了强5外贸飞机设计改型，做出了重要贡献。这个型号的飞机后来成为交付我国空军和出口飞机的基本型。

从设计员、设计组长、室主任到设计所副所长，石屏先后参与和主持了安–2、初教6、“东风”103、强5系列改型机等多种型号

① 本文发表于2002年《人民日报》。

教练机和强击机的仿制与研制，积累了丰富的经验，锻炼了出色的组织协调能力，为初教6飞机获国家质量金奖、强5飞机获国家科技进步奖特等奖做出了突出贡献。

高级教练机被称为培养飞行员的“摇篮”，没有高性能的教练机，就不可能培养出高水平的作战飞机飞行员。为了尽早造出高级教练机，1982年石屏挑起了新一代教练机方案组组长的重任。通过研究比较，他提出了“提高训练效率、降低训练费用”的研制思路，得到广泛认同。

1986年，我国开始研制新一代喷气式教练机，52岁的石屏被任命为K–8飞机总设计师。K–8飞机没有原准机，资金有限，时间紧迫，战技性能要求高，风险大，但石屏坚信：路是人走出来的，我们一定能成功。

根据几十年从事飞机设计的经验和借鉴国外的先进经验，石屏认为要想在国际市场上占有一席之地，K–8飞机必须全面覆盖和模拟战斗机各项飞行特性，没有创新、没有独到之处，是无法实现的。经过多少个不眠之夜，石屏的总体设计方案拿出来了。这个设计方案思路新颖独特，凡是国外先进教练机有的性能它都有，别人没有的它也有，足以和世界一流教练机一比高低。

在K–8飞机的设计中，他一方面坚持自主开发、大胆创新，一方面大量借鉴国外的先进经验和成熟技术，为K–8飞机研制争取了时间，弥补了科研经费的不足，提高了飞机研制水平，同时学习引进了国外技术，开创了我国走国际合作之路研制先进飞机的先河。

英国、美国、俄罗斯等20多个国家的飞行员飞过K–8飞机之后，一致反映K–8的性能在国际同类教练机中处于领先水平，机动性能好，横向操纵品质更为突出。目前，K–8飞机已销售到十几个国家，累计交付130多架。2001年，K–8飞机研制获得国家科学技术进步奖一等奖。

今年五一劳动节，江西省委书记孟建柱专程来到石屏家中看望这位劳动模范。看到孟建柱环视这套简陋的住房，石屏解释说，厂领导多次给他分配了大房子，他不是不愿意住大房子、好房子，只是觉得搬家太麻烦了。时间对他来讲太宝贵了，实在不愿意为搬家费那么多时间。

石屏告诉记者，目前与国外的合作，给我们的技术和管理方式带来了很多挑战，K–8 飞机和新型基础教练机还要改进改型，不断适应训练的新要求，这些都需要时间。谈到当前国际形势风云多变，这位为我国航空工业奉献了近半个世纪的老航空人不禁激动起来，他多么希望我们的航空工业尽快强大起来，为国防现代化做出更大的贡献。

石屏已经 68 岁了，他也曾想过退休以后和夫人厮守在一起，读读书，过一种平平淡淡的生活。可是没想到，去年一场突如其来的病症，竟夺去了与他相濡以沫几十年的妻子的生命。他的夫人张雪佩是一位空气动力工程师，两个人一辈子搞飞机，相互支持、鼓励，而在生活中他们则是离多聚少。

每念及此，石屏充满了遗憾。他常常自责，为什么没有及时发现她患病的早期征兆？夫人也喜爱文学，他们曾相约退休后好好看些书，但这一切都成为永远无法实现的美好向往，也给石屏留下了无法弥补的终生遗憾。

老骥伏枥，志在蓝天。石屏深情地说：“我从事飞机设计 46 年，担任飞机总设计师 16 年，在自己的岗位上做了我应当做的工作，党和人民却给了我很高的荣誉。K–8 飞机的成功，不是哪一个人的功劳，而是航空工业广大科技人员、干部和工人同志们用心血和汗水共同浇灌出来的，他们才是真正的功臣。”

托起翱翔蓝天的雄鹰[①]

——记全国“杰出专业技术人才”石屏

人民日报　余清楚　廖文根

石屏，一个并未广为人知的名字，连接着的却是祖国航空事业的骄傲。一个并不伟岸的身躯，托起的却是翱翔蓝天的雄鹰。

这个没有豪言壮语的汉子，在飞机设计的道路上一走就是46年。

2001年6月1日，江泽民总书记来到洪都集团考察，高兴地邀请K–8飞机的总设计师石屏一起在飞机前合影。总书记的关怀像一股暖流，滋润着这位有着50多年党龄的老党员的心田。为了这架具有国际同类飞机先进水平的雄鹰，石屏和他的同事倾注了太多的心血。

今天，K–8系列飞机已经飞出国门，出口到多个国家，并与埃及签订了合作生产80架飞机的合同，成为我国第一个出口整机生产线和输出飞机制造技术的机种。2001年，K–8飞机研制成果获得了国家科技进步奖一等奖。

“飞机设计是我最大的兴趣，也是我人生最大的快乐。”

1934年，石屏出生在江西省鄱阳县一个贫民家庭。石屏说：“我是靠政府提供的助学金读完了中学和大学的。”1956年，从南京航空学院毕业后，石屏来到新中国第一架飞机诞生的地方——南昌飞机制造厂（现洪都集团），一干就是46年。

在近半个世纪的工作中，石屏参与和主持了安–2、“东风”103、初教6、强5系列改型机等多种型号飞机的仿制和研制，但他最难忘的还是K–8教练机的研制。高级教练机被称为培养高水平战斗机

① 本文发表于2002年《人民日报》。

飞行员的“摇篮”，自 20 世纪 70 年代以来，美、英、法等国相继发展新一代教练机。70 年代初，我国开始了教练机的研制工作，为使中国有一天能生产出世界先进水平的教练机，石屏和他的同事进行了长达 10 多年的教练机的知识储备和积累，将目标瞄准教练机的世界最前沿。1986 年，52 岁的石屏被任命为 K–8 飞机总设计师。

“K–8 飞机必须全面覆盖和模拟战斗机的各项飞行特性，要想在国际市场上占有一席之地，没有创新是无法实现的。”石屏的创新设计方案在当时“令人拍案叫绝”。但光有创新方案还不行，一架飞机的上天，更多的工作是一个接一个的试验。试验进行得异常艰苦。石屏记得，在进行风洞试验时，没有先进的通信工具，也没有专用的计算工具，参研人员就靠一部长途电话传递和处理数据，两边的同志 24 小时盯着试验过程，一个一个地通报、记录试验数据，进行手工计算，分析修改、处理着数以万计的数据。到后来，大家连做梦都在报数据。试验顺利提前完成了，石屏却瘦了一圈。

在完成了 90 多项重大试验后，由中国人设计研制的 K–8 飞机终于翱翔在祖国的蓝天。

有 20 多个国家的飞行员在飞过 K–8 飞机后，都为它的性能所折服。俄罗斯特级飞行员在驾驶 K–8 做完尾旋和一系列特技飞行动作后对石屏说:“这是我所驾驶过的世界上最好的教练机之一。”1992 年，石屏又担任了教 8 飞机的总设计师。苦战 3 年，新机的研制取得成功。它继承了 K–8 飞机的特点，全部成品按要求选用了国产件，性能全面达到并超过了战技指标，创造了航空史上当年发图、当年制造、当年上天的奇迹。石屏说，看到国产飞机飞上蓝天，心中总是有一种强烈的民族自豪感，而这种民族自豪感总在推动着自己向新的更高的目标迈进。

“我总觉得时间不够用。一种强烈的使命感无时不在推动着自己。”

1993 年 4 月，石屏连续几天觉得不舒服，发着低烧，他以为扛一扛也就过去了，仍坚持早出晚归。这天，儿子下班回家，发现父亲躺在床上，盖着两床被子，床边是一滩血迹。儿子急坏了，问父亲怎么了。石屏用微弱的声音说道："我动不了，没想到这么严重，可能是急性肺炎。"石屏由儿子搀扶着，深一脚浅一脚地走到医院。他再三叮嘱儿子，生病的事不要让单位知道，免得影响工作。

石屏说："我很少流泪，流泪最多的是我的爱人。"看着丈夫身体一天天消瘦下去，妻子只能独自流泪。石屏也深深地爱着自己的妻子，但长期在一线的石屏却没有及时发现妻子患病的早期症状，去年 9 月，与石屏相濡以沫 40 多年的妻子永远离开了他。石屏说，他追求的事业里有老伴未竟的心愿，只有工作才是对自己和老伴最大的安慰。

"虽然教练机取得了突破，但还要不断巩固，不然马上要落后。"害怕"落后"的石屏有一种强烈的紧迫感："祖国的航空事业太需要年轻的优秀科技人才了！"为使教练机研制永远站在世界的前沿，在飞机研制过程中，"培养年轻科技人才，使他们尽快成长起来"成了石屏的一个重要使命。年轻的科技工作者从石屏的身上找到了人生的坐标。K–8 飞机的上天，带动了一个具有奉献精神、敢于攀登世界航空科技高峰的人才团队的形成。在这个团队里，先后培养出副总设计师、室主任、学科带头人 20 多位。

"我最为骄傲的还不全是 K–8，而是我身后这些'初生牛犊不怕虎'的后生们，他们才是中国航空事业的未来所在。"年近七旬的石屏高兴地对记者说："我们后继有人了。"

"我现在依然很忙，那里还有太多没有完成的事情。"石屏说。向着更高的目标，68 岁的石屏开始了新一轮的冲锋。

石屏院士生平大事年表

1934年　3月25日，出生于江西省潘阳县团林乡高石村。

1954年　加入中国共产党。

1956年　从南京航空学院毕业，分配到洪都集团。

1958年　参与初教6的研制工作。

1959年　参与强5的研制工作，担任总体组组长。

1979年　参与设计的初教6飞机荣获国家质量金奖。

1985年　参与设计的强5飞机获得国家科技进步奖特等奖。

1986年　10月，被任命为K–8飞机总设计师。

1987年　1月，航空工业部下达K–8飞机研制计划。

4月，国防科工委批准《教8机作为出口型飞机立项研制》。

1990年　11月21日，01架K–8原型机首飞成功。

1991年　获国务院颁发的特殊津贴。

1992年　被授予航空工业有突出贡献专家。

国防科工委正式批准教8立项研制，石屏被任命为教8教练机总设计师。

1994年　被聘为南京航空航天大学兼职教授。

9月21日，首批6架K–8出口交付巴基斯坦。

12月23日，01架教8飞机首飞成功。

1998年　6月，首批教8交付。

1999年　12月27日，埃及与中国签署了引进K–8生产线并生产80架K–8E飞机的合同，为中国航空工业出口数量最多、金额最大的一笔合同，总价值达3.45亿美元。

2000年　6月5日，针对埃及要求研制的首架K–8E成功首飞。

荣获全国劳动模范称号。

2001 年　主持设计的 K-8 飞机获得国家科技进步奖一等奖。

获航空工业最高荣誉——航空金奖。

2002 年　8 月，被中宣部确定为“爱岗敬业、无私奉献”的全国公民道德建设先进典型之一。

9 月 20 日，中央企业工委在京举行“石屏先进事迹报告会”，会前受到吴邦国副总理接见和表彰。

2003 年　被聘为南昌航空工业学院双聘教授。

当选为中国工程院院士。

2004 年　被聘为江西理工大学兼职教授。

2006 年　主持设计的教 8 飞机获国家科技进步奖二等奖。

2008 年　3 月，获江西省科学技术特别贡献奖。

11 月，获第四届航空航天月桂奖——终身奉献奖。